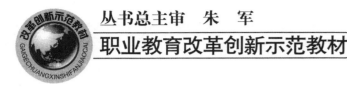

丛书总主审 朱 军

职业教育改革创新示范教材

汽车电控发动机检修

QICHE DIANKONG FADONGJI JIANXIU

◎ 汽车发动机电子控制技术概述
◎ 燃油供给系统检修、点火系统检修
◎ 电控燃油喷射系统检修、电控怠速控制系统检修
◎ 进排气控制系统检修

主　编　李维东
副主编　覃国金

人民交通出版社

China Communications Press

内 容 提 要

本书是职业教育改革创新示范教材之一。全书共有六个项目:汽车发动机电子控制技术概述、汽车电控发动机燃油供给系统检修、汽车电控发动机点火系统检修、电控燃油喷射系统检修、电控怠速控制系统检修、进排气控制系统检修。全书共 32 个学习任务。

本书可作为全国职业院校汽车运用与维修、汽车电子技术应用等专业教学使用,从事相关工作的人员也可参考。

图书在版编目(CIP)数据

汽车电控发动机检修 / 李维东主编. — 北京:人民交通出版社,2013.6
ISBN 978-7-114-10611-8

Ⅰ.①汽… Ⅱ.①李… Ⅲ.①汽车 – 电子控制 – 发动机 – 车辆修理 Ⅳ.①U472.43

中国版本图书馆 CIP 数据核字(2013)第 097947 号

职业教育改革创新示范教材

书　名:	汽车电控发动机检修
著 作 者:	李维东
责任编辑:	曹延鹏
出版发行:	人民交通出版社股份有限公司
地　　址:	(100011)北京市朝阳区安定门外外馆斜街 3 号
网　　址:	http://www.ccpcl.com.cn
销售电话:	(010)59757973
总 经 销:	人民交通出版社股份有限公司发行部
经　销:	各地新华书店
印　刷:	北京虎彩文化传播有限公司
开　本:	787×1092　1/16
印　张:	9
字　数:	205 千
版　次:	2013 年 6 月　第 1 版
印　次:	2023 年 3 月　第 5 次印刷
书　号:	ISBN 978-7-114-10611-8
定　价:	20.00 元

(有印刷、装订质量问题的图书,由本公司负责调换)

职业教育改革创新示范教材
（汽车运用与维修专业）编委会

（排名不分先后）

主　　　任：刘建平（广州市交通运输职业学校）

　　　　　　杨丽萍（深圳市第二职业技术学校）

副　主　任：黄关山（珠海理工职业技术学校）　　　周志伟（深圳市宝安职业技术学校）

　　　　　　邱今胜（深圳市龙岗职业技术学校）　　　朱小东（中山市沙溪理工学校）

　　　　　　侯文胜（佛山市顺德区中等专业学校）　　韩彦明（佛山市华材职业技术学校）

　　　　　　庞柳军（广州市交通运输职业学校）　　　邱先贵（广东文舟图书发行有限公司）

委　　　员：谢伟钢、孟　婕、曾　艳（深圳市龙岗职业技术学校）

　　　　　　李博成（深圳市宝安职业技术学校）

　　　　　　罗雷鸣、陈根元、马　征（惠州工业科技学校）

　　　　　　邱勇胜、何向东（清远市职业技术学校）

　　　　　　刘武英、陈德磊、阮威雄、江　珠（阳江市第一职业技术学校）

　　　　　　苏小举（珠海理工职业技术学校）

　　　　　　陈凡主（中山市沙溪理工学校）

　　　　　　刘小兵（广东省轻工高级职业技术学校）

　　　　　　许志丹、谭智男、陈东海、任　丽（佛山市华材职业技术学校）

孙永江、李爱民(珠海市斗门区第三中等职业学校)

欧阳可良、马　涛(佛山市顺德区中等专业学校)

周德新、张水珍(河源理工学校)

谢立梁(广州市番禺工贸职业技术学校)

范海飞、闫　勇(广东省普宁职业技术学校)

温巧玉(广州市白云行知职业技术学校)

李维东、冯永亮、巫盖平(佛山市顺德区郑敬怡职业技术学校)

王远明、郑新强(东莞理工学校)

程树青(惠州商业学校)

高灵聪(广州信息职业技术学校)

黄宇林、邓津海(广东省理工职业技术学校)

张江生(湛江机电学校)

邹胜聪(深圳市第二职业技术学校)

丛书总主审:朱　军

前言 QIANYAN

《国家中长期教育改革和发展规划纲要(2010—2020年)》中提出:大力发展职业教育,把职业教育纳入经济社会发展和产业发展规划,把提高质量作为重点;以服务为宗旨,以就业为导向,推进教育教学改革。实行工学结合、校企合作、顶岗实习的人才培养模式;满足人民群众接受职业教育的需求,满足经济社会对高素质劳动者和技能型人才的需要。

职业教育的发展已作为国家当前教育发展的战略重点之一,但目前学校所使用的教材普遍存在以下几个方面的问题:

(1)学生反映难理解,教师反映不好教;

(2)企业反映脱离实际,与他们的需求距离很大;

(3)不适应新一轮教学改革的需要,汽车车身修复、汽车商务、汽车美容与装潢等专业教材急缺;

(4)立体化程度不够,教学资源质量不高,教学方式相对落后。

针对以上问题,结合人民交通出版社汽车类专业教材的出版优势,我们开发了《职业教育改革创新示范教材》。本套教材以"积极探索教学改革思路,充分考虑区域性特点,提升学生职业素质"的指导思想,采用职教专家、行业一线专家、学校教师、出版社编辑"四结合"的编写模式。教材内容的特点是:准确体现职业教育特点(以工作岗位所需的知识和技能为出发点);理论内容"必需、够用";实训内容贴合工作一线实际;选图讲究,易懂易学。

该套教材将先进的教学内容、教学方法与教学手段有效地结合起来,形成课本、课件(部分课程配)和习题集(部分课程配)三位一体的立体教学模式。

本书由佛山市顺德区郑敬怡职业技术学校李维东担任主编,深圳高级技工学校覃国金担任副主编,参加编写的还有冯永亮、谭顺翔、苏新蕾、李飞。

限于编者的经历和水平,书中难免有不妥或错误之处,敬请广大读者批评指正,提出修改意见和建议,以便再版修订时改正。

职业教育改革创新示范教材编委会
2013 年 4 月

目录 CONTENTS

项目一　汽车发动机电子控制技术概述

任务 1.1　认识应用在电控发动机上的电子控制系统 …………………………………………………… 2

任务 1.2　汽车电控发动机控制系统的基本组成 ……………………………………………………… 5

项目二　汽车电控发动机燃油供给系统检修

任务 2.1　检修汽车燃油泵 ……………………………………………………………………………… 9

任务 2.2　检修汽车燃油泵控制电路 …………………………………………………………………… 12

任务 2.3　检测燃油压力调节器 ………………………………………………………………………… 15

任务 2.4　检测喷油器 …………………………………………………………………………………… 19

项目三　汽车电控发动机点火系统检修

任务 3.1　了解汽油机点火系统的要求 ………………………………………………………………… 26

任务 3.2　检修电子控制有分电器点火控制系统 …… 30
任务 3.3　检测磁脉冲式曲轴位置传感器 …… 33
任务 3.4　检测光电式曲轴位置传感器 …… 39
任务 3.5　检测霍尔式曲轴位置传感器 …… 42
任务 3.6　检测爆震传感器 …… 46
任务 3.7　检测双缸同时点火系统 …… 50
任务 3.8　检修单缸独立点火系统 …… 53

项目四　电控燃油喷射系统检修

任务 4.1　认识电控燃油喷射系统 …… 58
任务 4.2　检测体积型空气流量计 …… 61
任务 4.3　检测热式空气流量计 …… 66
任务 4.4　检测进气歧管绝对压力传感器 …… 70
任务 4.5　检测节气门位置传感器 …… 75
任务 4.6　检测电子节气门 …… 78
任务 4.7　检测温度传感器 …… 86
任务 4.8　检测氧传感器 …… 90

项目五　电控怠速控制系统检修

任务 5.1　认识怠速控制系统 …… 97
任务 5.2　检测旋转电磁阀怠速执行机构 …… 99
任务 5.3　检测步进电动机式怠速执行机构 …… 103

任务 5.4　节气门设定 ·· 107

项目六　进排气控制系统检修

任务 6.1　检修丰田 VVT-i 系统 ·· 112

任务 6.2　检修本田 VTEC 系统 ·· 117

任务 6.3　检修进气增压系统 ··· 121

任务 6.4　检查三元催化器 ·· 124

任务 6.5　检修废气再循环系统（EGR） ·· 127

任务 6.6　检修汽油蒸气回收装置（EVAP） ·· 130

参考文献

项目一
汽车发动机电子控制技术概述

1. 能找出汽车燃油喷射系统和点火系统的主要部件,准确率达80%;
2. 能找出汽车发动机电控系统的主要传感器和执行器,准确率达80%。

任务1.1　认识应用在电控发动机上的电子控制系统

应用在汽车发动机上的电子控制系统包括以下几个方面。

一、电控燃油喷射系统（EFI）

喷油量控制是EFI最基本的也是最重要的控制内容。EFI主要由电子控制单元（ECU）、空气流量计、进气歧管压力传感器、冷却液温度传感器、节气门位置传感器、氧传感器、喷油器等组成。

二、电控点火系统（ESA）

ESA最基本的功能是点火提前角控制。ESA主要由ECU、曲轴位置传感器、凸轮轴位置传感器、点火模块、点火线圈、高压线、火花塞、爆震传感器等组成。

三、怠速控制系统（ISC）

怠速控制系统的主要作用是稳定发动机怠速转速，并能根据发动机温度、负荷的变化，自动调节发动机怠速转速。ISC主要由ECU、节气门位置传感器、冷却液温度传感器、怠速控制阀等组成。

实训1.1　认识电控发动机上的电子控制系统

一、认识EFI系统

1. 实训准备：丰田、本田或大众汽车。
2. 你所用的实训设备：
车型：＿＿＿＿＿＿＿＿＿＿＿＿；
发动机型号：＿＿＿＿＿＿＿＿＿＿；
车辆识别码：＿＿＿＿＿＿＿＿＿＿。
3. 在车上找出图1-1所示的部件，并打√。

二、认识有分电器ESA系统

1. 实训准备：丰田、本田或大众汽车。
2. 你所用的实训设备：
车型：＿＿＿＿＿＿＿＿＿＿＿＿；
发动机型号：＿＿＿＿＿＿＿＿＿＿；
车辆识别码：＿＿＿＿＿＿＿＿＿＿。
3. 在车上找出图1-2所示的部件，并打√。

四 排放控制系统

排放控制系统的主要作用是对发动机排放控制装置的工作实行电子控制。排放控制的项目主要包括：废气再循环（EGR）控制、活性炭罐电磁阀控制、氧传感器和空燃比闭环控制、二次空气喷射控制等。

五 进气控制系统

进气控制系统功能主要是根据发动机转速和负荷的变化，对发动机的进气进行控制，以提高发动机的充气效率，从而改善发动机的动力性。其主要有配气相位控制、气门升程控制、动力阀等。

六 增压控制系统

增压控制系统功能是对发动机进气增压装置的工作进行控制。其主要由ECU、废气涡轮增压机、进气管压力传感器、释压电磁阀、驱动气室、切换阀等组成。

七 巡航控制系统

巡航控制系统功能是ECU根据汽车运行工况和运行环境信息，自动控制发动机工作，使汽车自动维持一定车速行驶。其主要由ECU、节气门位置传感器、车速传感器、巡航设定开关、巡航电动机等组成。

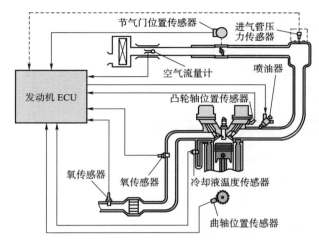

图1-1 电控燃油喷射系统（EFI）

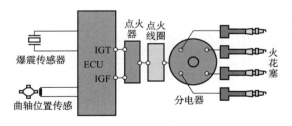

图1-2 有分电器的ESA系统

八 警告提示

警告提示的功能是由 ECU 控制各种指示和报警装置,一旦控制系统出现故障,该系统能及时发出信号以警告提示。主要由 ECU、警告灯、冷却液温度传感器、氧传感器、机油压力传感器、油尽传感器、排气温度传感器等共同完成此功能。

九 自诊断与报警系统

自诊断与报警系统的功能是对控制系统各部分的工作情况进行监测,用来提示驾驶员发动机有故障;同时,系统将故障信息以设定的数码(故障码)形式储存在存储器中,以便帮助维修人员确定故障类型和范围。

十 失效保护系统

失效保护系统的功能主要是当传感器或传感器线路发生故障时,控制系统自动按电脑预先设定的参考信号值工作,以便发动机能继续工作。当对发动机工作影响较大的传感器或电路发生故障时,该系统会自动停止发动机工作。

十一 应急备用系统

应急备用系统的功能是当控制系统电脑发生故障时,自动启用备用系统,按设定的信号控制发动机转入强制运转状态,以避免车辆停驶在路途中。

十二 其他控制系统

其他控制系统还有冷却风扇控制、配气正时控制、发电机控制等。

三、认识无分电器 ESA 系统

1. 在车上找出相应的部件并打√(双缸同时点火系统)。

2. 你所用的实训设备:

车型:＿＿＿＿＿＿＿＿＿＿＿＿＿＿＿；

发动机型号:＿＿＿＿＿＿＿＿＿＿＿＿；

车辆识别码:＿＿＿＿＿＿＿＿＿＿＿＿。

3. 在车上找出图 1-3 所示的部件,并打√。

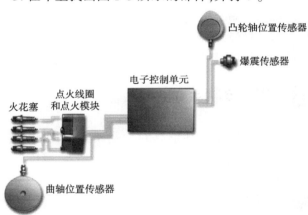

图 1-3　无分电器的 ESA 系统

任务1.2 汽车电控发动机控制系统的基本组成

汽车电控发动机控制系统主要由信号输入装置、电子控制单元(ECU)、执行器等组成。

一、信号输入装置及输入信号

(1)空气流量计(MAFS):应用在L型电控燃油喷射系统中,测量发动机的进气量,将信号输入ECU,作为燃油喷射和点火控制的主控制信号。

(2)进气歧管绝对压力传感器(MAPS):应用在D型电控燃油喷射系统中,测量进气歧管内气体的绝对压力,将信号输入ECU,作为燃油喷射和点火控制的主控制信号。

(3)节气门位置传感器(TPS):检测节气门的开度及开度变化,信号输入ECU,用于燃油喷射控制及其他辅助控制。

(4)凸轮轴位置传感器(CMPS):提供曲轴转角基准位置信号,作为喷油正时控制和点火正时控制的主控制信号。

(5)曲轴位置传感器(CKPS):检测曲轴转角位移,给ECU提供发动机转速信号和曲轴转角信号,作为喷油正时控制和点火正时控制的主控制信号。

(6)进气温度传感器(IATS):给ECU提供进气温度信号,作为燃油喷射和点火控制的修正信号。

(7)冷却液温度传感器(ECTS):给ECU提供发动机冷却液温度信号,作为燃油喷射和点火控制的修正信号,也是其他控制系统的控制信号。

实训1.2 认识汽车电控发动机控制系统的基本组成

一、找出发动机主要信号输入装置

1. 实训准备:丰田、本田或大众汽车。
2. 你所用的实训设备:
车型:_____;
发动机型号:_____;
车辆识别码:_____。
3. 在车上找出图1-4所示的传感器,并写出传感器名称、安装位置。

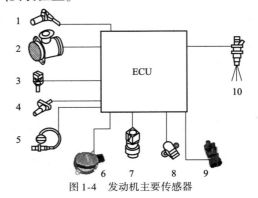

图1-4 发动机主要传感器

项目一　汽车发动机电子控制技术概述

(8)车速传感器(VSS):检测汽车的行驶速度,给 ECU 提供车速信号,用于巡航控制和限速断油控制,也是自动变速器的主控制信号。

(9)氧传感器(O_2S):检测排气中的氧含量,对喷油量进行闭环控制,是电控燃油喷射系统的反馈信号。

(10)爆燃传感器(KS):检测汽油机是否爆燃及爆燃强度,向电控点火系统提供反馈信号。

(11)启动开关(STA):发动机启动时,给 ECU 提供一个启动信号,作为燃油喷射和点火控制的修正信号。

(12)空调开关(A/C):当空调开关打开,空调压缩机工作。发动机负荷加大时,空调开关向 ECU 输入信号,作为燃油喷射和点火控制的修正信号。

(13)挡位开关:自动变速器由空挡挂入其他挡位时,向 ECU 输入信号,作为燃油喷射和点火控制的修正信号。

(14)制动灯开关:制动时,向 ECU 提供制动信号,作为燃油喷射和点火控制的修正信号。

(15)动力转向开关:当转向盘由中间位置向左右转动时,由于动力转向油泵工作而使发动机负荷加大,此时向 ECU 输入信号,作为燃油喷射和点火控制的修正信号。

(16)巡航(定速)控制开关:当进入巡航控制状态时,向 ECU 输入巡航控制状态信号,由 ECU 对车速进行自动控制。

■ 电子控制单元(ECU)的功能与组成

ECU 是一种电子综合控制装置,它所具备的基本功能如下:

序　号	传感器名称	传感器安装位置
1		
2		
3		
4		
5		
6		
7		
8		
9		
10		

二、找出发动机电控系统的主要执行器

1. 实训准备:丰田、本田或大众汽车。
2. 你所用的实训设备:
车型:_____;
发动机型号:_____;
车辆识别码:_____。
3. 在车上找出图 1-5 所示的执行器并写出执行器名称、安装位置。

(1) 接受传感器或其他装置输入的信息,给传感器提供 5V、8V、12V 参考(基准)电压等,将输入的信息转变为微机所能接受的信号。

(2) 存储、计算、分析处理信息。存储计算所用的程序,存储该车型的特点参数,存储运算中的数据(随存随取),存储故障信息。

(3) 运算分析。根据信息参数求出执行命令数值,将输出的信息与标准值对比,查出故障。

(4) 输出执行命令。输出喷油、点火等控制命令,输出故障信息。

(5) 自我修正功能(自适应功能)。

在发动机控制系统中,ECU 不仅用来控制燃油喷射系统,同时还具有点火提前角控制、怠速控制、排放控制、进气控制、自诊断、失效保护和备用控制系统等多项控制功用。

三 执行器

执行器是受 ECU 控制,具体执行某项控制功能的装置。ECU 控制执行器电磁线圈的搭铁回路,或控制某些电子控制电路,如电子点火控制器等。

在汽车电控发动机控制系统中,执行器主要有:(1)电磁式喷油器;(2)点火控制器(点火模块);(3)怠速控制阀、怠速电动机;(4)EGR 阀;(5)进气控制阀;(6)二次空气喷射阀;(7)活性炭罐排泄电磁阀;(8)车速控制电磁阀;(9)燃油泵继电器;(10)冷却风扇继电器;(11)空调压缩机继电器;(12)自动变速器挡位电磁阀;(13)增压器释压电磁阀;(14)自诊断显示与报警装置;(15)故障备用程序启动装置;(16)仪表显示器。

随着控制功能的增加,执行器也将相应增加。

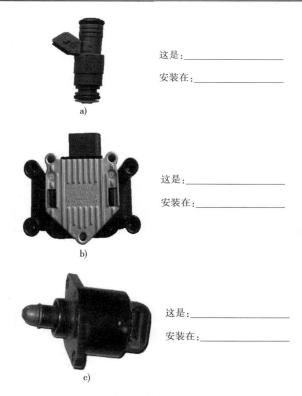

这是:_____
安装在:_____

a)

这是:_____
安装在:_____

b)

这是:_____
安装在:_____

c)

图 1-5 执行器

项目二 汽车电控发动机燃油供给系统检修

学习目标

1. 能在车上找出燃油供给系统各部件并说出其名称,准确率达100%;
2. 会拆装和试验汽油泵总成,会检查汽油泵两个以上指标;
3. 能正确分析油泵控制电路图,能在教师指导下查找电路故障;
4. 会判断燃油压力调节器故障;
5. 会检测喷油器性能,能判断喷油器故障,准确率达90%。

任务 2.1　检修汽车燃油泵

一、燃油供给系统组成

燃油系统由电动燃油泵、燃油滤清器、燃油压力调节器、喷油器及油管等组成（图 2-1）。

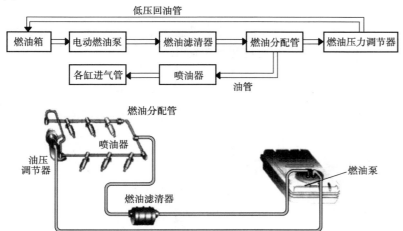

图 2-1　燃油系统组成

发动机工作时，燃油泵把汽油从油箱中泵出，经燃油滤清器滤去杂质，再经燃油压力调节器调节压力，将压力调整到比进气管压力高出约 300kPa，然后从输油管

实训 2.1　检测汽车燃油泵

1. 实训准备：丰田、本田或大众汽车。
2. 你所用的实训设备：

车型：_____；

发动机型号：_____；

车辆识别码：_____。

3. 指出实训发动机的燃油供给系统组成元件，并参照图 2-1 画出系统简图。

送至各缸喷油器。喷油器根据电脑(ECU)的喷油指令,开启喷油器,将适量的燃油喷在进气歧管中。当油路压力超过规定值时,压力调节器工作,多余的汽油返回油箱,从而保证供给喷油器的燃油压力与进气歧管压力差保持恒定。

二、电动汽油泵构造

1 汽油泵的作用

电动汽油泵的作用是将汽油从油箱中吸出,加压后通过燃油管道输送到喷油器。油泵的燃油供给量是汽车最大油耗量的 5~6 倍,最高供油压力为 0.5~0.7MPa,是工作压力的 2~3 倍。

2 汽油泵的形式

电控汽油喷射系统中使用的电动汽油泵有两种形式:外装式电动汽油泵和内装式电动汽油泵。外装式电动汽油泵布置在油箱外面,可以安装在燃油管路的任一适当位置。内装式电动汽油泵安装在油箱内,固定在油泵支架上垂直地悬挂在油箱内,或者垂直安装在油箱底上,如图 2-3 所示。

3 汽油泵的种类

电控汽油喷射发动机汽油泵有涡轮泵、侧槽泵、滚柱泵、齿轮泵等。叶片式的涡轮泵或侧槽泵

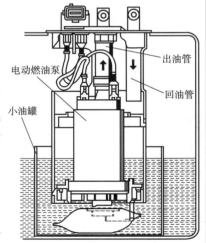

图 2-3 内装式电动汽油泵在油箱的布置

4. 观察汽油泵上共有几条电线、几条油管,它们各有什么作用?请在图 2-2 中标出各条管线名称。

图 2-2 汽油泵上的管线

5. 用万用表测量燃油泵电阻,油量传感器电阻、油尽感应热敏电阻阻值,并判断燃油泵的电阻是否正常(表 2-1)。

用万用表测量燃油泵电阻　　　表 2-1

检测项目	标准值	实际测量	是否正常
燃油泵电阻	0.3~3Ω		
油量传感器电阻			
油尽感应热敏电阻			

6. 如燃油泵电阻正常,检测燃油泵最大供油压力(表 2-2),方法如下:

(1)不启动发动机,短接油泵继电器或直接蓄电池到燃油泵,观察记录此时油压值。

(2)夹紧回油管,记录此时的油压即为油泵的最大供油压力。

使用最广泛,这种内装式电动汽油泵由电机、涡轮泵(或侧槽泵)、止回阀、限压阀及滤网等部件组成,其基本结构如图2-4所示。

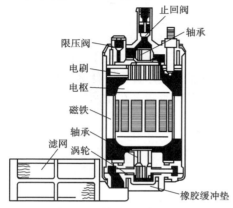

图2-4 涡轮泵型电动汽油泵

4 电动汽油泵的其他组成部件

1)止回阀

止回阀的作用是防止燃油倒流,使管路中保持适当的残余压力,便于发动机热启动。当发动机熄火,电动汽油泵刚刚停止泵送燃油,止回阀在管路内油压作用下立即关闭,使油泵出口端与燃油压力调节器之间油道中的燃油仍能保持一定压力,有利于减少气阻现象,提高发动机高温启动性能。

2)安全阀

安全阀是一种保护装置。在电动汽油泵中,当出口及下游油路出现堵塞,油泵工作压力大于0.5MPa时,安全阀自动打开,使汽油泵的高压侧与吸入侧连通,燃油仅在泵和电动机内部循环,避免发生管路破损和燃油泄漏事故。

(3)根据所得数据,判断油泵的状态(表2-2)。

检测燃油泵最大供油压力　　表2-2

检测项目	标准值	实际测量	是否正常
最大供油压力	0.5~0.7MPa		
工作噪声	无异响		

7.检测燃油泵的供油流量。

方法:不启动发动机,拆下发动机回油管,将回油管放入容器中接油,短接燃油泵继电器或用蓄电池直接供电,并开始计时10s。最后计量所接得的汽油体积,并据此判断燃油泵的工作情况(表2-3)。

检测燃油泵的供油流量　　表2-3

检测项目	标准值	实际测量	是否正常
供油流量	1~2L/min		

8.检测燃油的残余压力维持能力,检验止回阀的密封性(表2-4)。

方法:将发动机熄火,等待10min后观察压力表的压力,多点喷射系统不低于0.20MPa,单点喷射系统不低于0.05MPa。

检测燃油的残余压力维持能力　　表2-4

检测项目	等待10min后标准值	实际测量	是否正常
残余压力	≥0.20MPa		

9.拆检燃油泵,检查燃油泵滤网是否清洁(表2-5)。

3)阻尼稳压器

阻尼稳压器应用于滚柱泵。其作用是吸收燃油泵出口端油压力脉动的能量，降低其对燃油输送管路内油压的影响和降低噪声。

三、电动汽油泵检修

(1)检查汽油泵供油压力,油泵最大供油压力为0.5～0.7MPa。
(2)检查汽油泵供油流量,汽油泵额定压力下的供油量一般为1～2L/min。
(3)检查汽油泵工作电流。
(4)检查止回阀的密封性。
(5)检查进油滤网清洁情况。
(6)检查汽油泵工作噪声。
(7)检查油泵电动机电阻,电动机电阻一般为0.3～3Ω。如果大于10Ω,应更换。

检查燃油泵滤网是否清洁　　　表2-5

检测项目	标　准	实际测量	是否正常
滤网	堵塞≤20%		

10.思考:丰田威乐汽车停放一晚后,第二天早晨需启动6～7次才能着车,经检查是燃油泵止回阀泄漏。请你解释为什么止回阀泄漏会导致该故障？如何判断泄漏点在止回阀？

任务2.2　检修汽车燃油泵控制电路

电控汽油喷射系统对燃油泵控制的基本要求是:只有当发动机处于运转状态时,燃油泵才会工作;若发动机不运转,即使接通点火开关,燃油泵也不工作。油泵控制电路有三种形式:燃油泵开关控制式、燃油泵继电器控制式、燃油泵ECU控制式(本书介绍后两种)。

一、油泵继电器控制的燃油泵控制电路

(1)以丰田5A-FE发动机燃油泵控制电路为例,如图2-5所示。

实训2.2　检修汽车燃油泵控制电路

一、检修5A发动机燃油泵控制电路

1.实训准备:5A发动机台架8台,燃油压力表、蓄电池(充满电),万用表8个,短接线8根、盛有水的油盘8个、汽油1桶、灭火器。

5A—FE 油泵控制电路工作过程：

①当点火开关打开到"IG"时，主继电器接通，电控系统供电，ECU 接收到 IG-SW 信号，电脑控制 ECU 使油泵控制三极管接通 3s，FC 线接通 3s，油泵继电器线圈 L1 接通 3s，油泵工作 3s，建立起初始油压，然后油泵继电器断开，燃油泵停止工作。

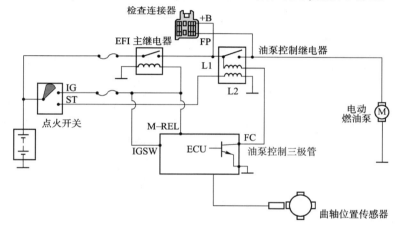

图 2-5　5A 发动机燃油泵控制电路

②点火开关打到 ST（启动）时，电流通过油泵继电器 L2 线圈通电产生磁场，使油泵继电器闭合，燃油泵工作。

③启动后，点火开关又从 ST 回位到 ON 位置，L2 线圈断电；发动机 ECU 收到曲轴转速传感器的信号，控制三极管接通，使 L1 线圈的电流从 FC 经过 ECU 内三极管搭铁，油泵继电器继续接通，燃油泵工作。

④关掉点火开关，主继电器断开，油泵继电器断电，燃油泵停止工作。

（2）具有转速控制的燃油泵控制电路，以凌志 LS400 油泵控制电路为例，如图 2-7 所示。

2. 你所用的实训设备：

发动机型号：_____。

情景导入：一辆天津一汽威乐汽车在路上行驶时突然熄火，车主只好依惯性靠路边停下，并多次打火，但还时不能成功启动。这时只好电话求助天津一汽丰田服务站。

天津一汽服务站派你修理，你如何处理？

首先分析发动机不能启动的因素（图 2-6）。

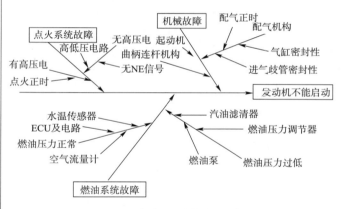

图 2-6　发动机不能启动的因素

维修时，遵循"由表及里、由简到繁"的原则。

（1）检查油箱是否有油。　　　　　□有　□否
（2）检查起动机是否运转正常。　　□是　□否
（3）检查有没有高压火。　　　　　□有　□否

EFI 主继电器、开路继电器工作过程和 5A-FE 油泵控制过程类似。当发动机低速、中小负荷工作时,FPR 线通过 ECU 搭铁,燃油泵继电器线圈通电,使触点 A 闭合,由于将电阻串联到燃油泵电路中,所以燃油泵两端电压低于蓄电池电压,燃油泵低速运转。发动机高速、大负荷工作时,FPR 线不接通,燃油泵继电器触点 B 闭合,直接给燃油泵输送蓄电池电压,燃油泵高速运转。

(4)检查油压是否正常。　□有　□否
通过检查,发现汽油压力为零,什么原因呢?
分析导致汽油压力过低的因素。

⟶ 燃油压力过低

根据以上分析,进一步检查燃油压力过低故障。
(1)打开点火开关,拧到启动挡 5S,按压回油管,检查燃油压力是否有变化,判断压力调节器是否有故障。
　　　　　　　　　　　　　　□有　□否
(2)从油箱口听燃油泵是否运转。　□有　□否
通过检查,发现燃油泵不能运转。
故障原因:燃油泵控制电路故障或燃油泵电动机故障。
通过分析图 2-5,我们可以通过连接诊断座 FP 和 +B,在打开点火开关的状态下试验判断燃油泵电动机是否有故障。
(1)检查连接 FP 和 +B 后燃油泵是否运转?
　　　　　　　　　　　　　　□是　□否
(2)检测启动时燃油泵端子是否有电?
　　　　　　　　　　　　　　□是　□否
(3)检测燃油泵地线是否连接正常? □是　□否
(4)最终检查出故障是:_____。

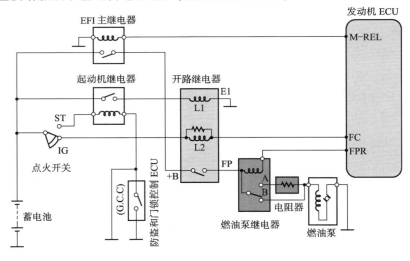

图 2-7　凌志 LS400 油泵控制电路

具有油泵 ECU 控制的燃油泵控制电路

以丰田皇冠 2JZ-FE 发动机油泵控制电路为例,如图 2-8 所示。
发动机高速、大负荷工作时,FPC 端子向燃油泵 ECU 输出 5V 电压,使 FP 端

子输出12V电压,燃油泵高速运转。发动机低速、小负荷工作时,FPC端子向燃油泵ECU输出2.5V电压,使FP端子输出8~9V电压,燃油泵低速运转。

二、检测汽车燃油泵ECU

1. 实训准备:丰田皇冠3.0汽车、万用表、短接线。
2. 参考图2-8,在车上找出实训汽车的燃油泵ECU、主继电器、油泵、检查连接器等部件,并在图上打√。
3. 打开燃油箱盖,将点火开关置于ON位置(但不要启动发动机),在燃油箱口处倾听有无电动燃油泵运转3~5s的声音。　　□是　□否
4. 检测燃油泵ECU各线电压(表2-6)。

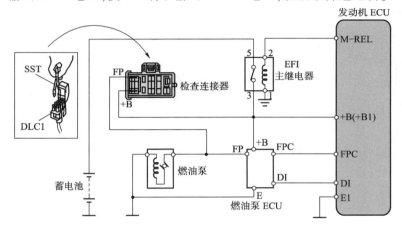

图2-8　丰田皇冠2JZ-FE发动机油泵控制电路

DI线是反馈信号线,用于确认燃油泵ECU是否工作,怠速时DI端子输出7V电压。

检测燃油泵ECU各线电压　　表2-6

测试条件	FPC电压	FP电压	DI电压
启动过程			
怠速运行			
3500r/min			

检测结论:_____。

任务2.3　检测燃油压力调节器

一、燃油压力调节器

燃油压力调节器的作用:使燃油分配管内油压与进气歧管压力的差保持不变,一般为0.25~0.3MPa。ECU只需控制喷油器开启时间就能实现喷油量的精确

实训2.3　检测燃油压力调压器

一、检测燃油压力调节器

1. 实训准备:丰田、本田或大众汽车、短接线、真空

控制。

燃油压力调节器的结构如图2-9所示,主要由膜片、弹簧和外壳等组成。膜片将金属壳的内腔分为两个腔室:一个是弹簧室,内有一定预紧力的螺旋弹簧,弹簧的预紧力作用在膜片上,弹簧室通过软管引入进气歧管的负压;另一个是燃油室,通过两个管接头与燃油分配管及回油管相连。

燃油压力调节器一般安装在燃油分配管上,如图2-10所示。

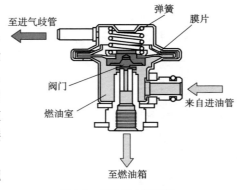

图2-9 燃油压力调节器

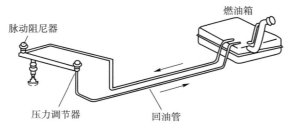

图2-10 燃油压力调节器安装位置

燃油压力调节器工作原理:发动机工作时,燃油压力调节器膜片上方承受的压力为弹簧压力和进气歧管内气体的压力之和,膜片下方承受的压力为燃油压力。当膜片上、下承受的压力相等时,膜片处于平衡位置不动。当进气歧管内气体压力下降时,膜片向上移动,回油阀开度增大,回油量增多,使输油管内燃油压力也下降;反之,进气歧管内气体压力升高时,则膜片带动回油阀向下移动,回油阀开度减小,回油量减少,使输油管内的燃油压力也升高,从而使输油管内燃油压力与进

枪、燃油压力表。

2.你所用的实训设备:
车型:_____;
发动机型号:_____;
车辆识别码:_____。

3.燃油系统压力释压。

为防止在拆卸时系统内的压力油喷出,造成人身伤害和火灾,应先释放系统油压。

(1)启动发动机,维持怠速运转。

(2)在发动机运转时,拔下燃油泵继电器或电动燃油泵电源接线,使发动机熄火。

□工作完成

(3)再使发动机启动2~3次,完全释放燃油系统压力。

□工作完成

(4)关闭点火开关,装上油泵继电器或电动燃油泵电源接线。

□工作完成

4.安装燃油压力表。

把油压表接到油压测试头上,如无油压测试头,应选择合适的位置(如燃油滤清器、脉动阻尼器、供油管与分油管连接处等)安装好测试头,然后接上油压表。

气管内气体压力的差值保持恒定。燃油压力与进气歧管真空度的关系如图2-11所示。

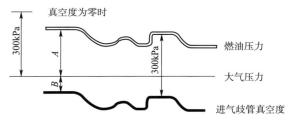

图2-11 燃油压力与进气歧管真空度的关系

电动汽油泵停止工作时,膜片在弹簧力的作用下,将回油孔关闭,使电动汽油泵与燃油压力调节器之间的油路内保持一定的残余压力。

二、燃油滤清器

功用:滤清燃油中的杂质和水分,防止燃油系统堵塞,减小机件磨损,保证发动机正常工作。

一般采用纸质滤芯,一次性的燃油滤清器,每行驶 20000~40000km 或 1~2 年应更换,安装时应注意燃油流动方向的箭头,不能装反(图2-12)。

三、脉动阻尼器

功用:衰减喷油器喷油时引起的燃油压力脉动,使燃油系统压力保持稳定。
组成:由膜片、膜片弹簧等组成(图2-13)。

5. 检测燃油压力(表2-7)。

检测燃油压力 表2-7

检查项目	检查条件	标 准	检测结果
怠速油压	发动机怠速运转	正常油压值 250~260kPa,指针稳定	
调节压力性能	发动机快速加减速	油压在 240~300kPa 之间变化	
最大油压	发动机怠速运转中,将回油管夹住	500~700kPa	
系统残压	发动机熄火,并等待 20min	系统压力应保持在 140kPa 以上	

6. 检测系统燃油压力与歧管真空度关系。

(1)不启动发动机,短接诊断接头 FP 与 +B,使油泵运转。

□工作完成

(2)拆下燃油压力调节器真空管,接上真空枪,测量并记录不同真空度下的油压(以 kPa 为单位,真空度记负值),并填入表2-8。

油压测量结果 表2-8

	1	2	3	4	5	6
真空度						
燃油压力						

(3)根据图表描出进气歧管绝对压力与燃油压力

原理:发动机工作时,燃油经过脉动阻尼器膜片下方进入输油管,当燃油压力产生脉动时,膜片弹簧被压缩或伸张,膜片下方的容积稍有增大或减小,从而起到稳定燃油系统压力的作用。同时,膜片弹簧的变形可吸收脉动能量,迅速衰减燃油压力的脉动。

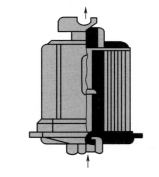

图2-12 燃油滤清器

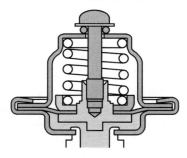

图2-13 脉动阻尼器

关系坐标图。

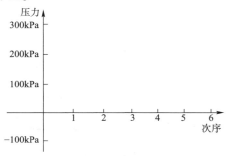

(4)请比较每一次测量燃油压力与真空度的差值是多少?为什么?

(5)请比较车辆在急速和节气门半开时,哪一个的燃油压力高?为什么?

二、拆装燃油滤清器

1. 实训准备:丰田、本田或大众汽车、短接线、燃油滤清器。
2. 燃油系统压力释放。　　　□工作完成
3. 从车上拆下燃油滤清器。　　□工作完成
4. 按标记安装新的燃油滤清器总成,并检查有无泄漏。　　　　　　　　　□工作完成

任务 2.4　检测喷油器

一、喷油器的作用

喷油器是电控汽油喷射系统中一个非常重要的执行元件,在 ECU 的控制下,把雾化的汽油喷入进气管或进气道。

二、喷油器的构造

喷油器主要由电磁线圈、衔铁、针阀构成,如图 2-14 所示。

三、喷油器的工作原理

喷油器不喷油时,复位弹簧通过衔铁使针阀紧压在阀座上,防止滴油。当电磁线圈通电时,产生电磁吸力,将衔铁吸起并带动针阀离开阀座,同时复位弹簧被压缩,燃油经过针阀并由轴针与喷口的环隙或喷孔中喷出;当电磁线圈断电时,电磁吸力消失,复位弹簧迅速使针阀关闭,喷油器停止喷油。

决定喷油量的四要素:升程、喷孔面积、压力差、开启时间。由于前三项为定值,只需控制开启时间即

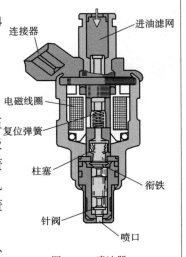

图 2-14　喷油器

实训 2.4　检测喷油器

一、检测喷油器工作情况

1. 实训准备:丰田、本田或大众汽车、万用表、喷油器清洗机、听诊器。

2. 你所用的实训设备:

车型:_____;

发动机型号:_____;

车辆识别码:_____。

3. 检查喷油器的工作情况。

(1)发动机运转时,用听诊器检查是否与发动机转速相适应的"嗒塔"工作声音(图 2-15)。

□有　　□没有

(2)在发动机怠速运转时,拔出 1 个喷油器的插头,观察发动机的运转情况。

□转速不变　　□转速下降

4. 检查喷油器的电阻。

拔下喷油器的插头,用万用表测量喷油器插头间的电阻(图 2-16)。　　□高阻喷油器　　□低阻喷油器

喷油器的电阻为:_____。

可控制喷油量。一般情况下开启时间为 2～5ms。

四 喷油器的分类

1. 按结构分类(图 2-17)

(1) 轴针式：喷孔不易堵塞，但响应速度稍差。

(2) 孔式：雾化质量好，响应快，但易堵塞。

(3) 双孔式：适应双进气门机构。

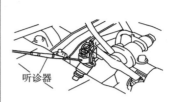

图 2-15　检查喷油器工作情况　　图 2-16　检查喷油器电阻

5. 观察喷油器驱动电路，属于哪种驱动方式？

　　□电压驱动　□电流驱动

6. 通过检测喷油器回路电压，判断燃油系统喷射方式属于哪种。

　　□同时喷射　□分组喷射　□顺序喷射

7. 喷油器检查与清洗。

(1) 将各缸喷油器拆下，观察喷油器的喷孔形式，属于哪一种？

　　□轴针式　□单孔式　□双孔式

(2) 将各缸喷油器拆下，用超声波清洗后安装到喷油器试验台上，观察喷油情况与喷油量(图 2-19)。

要求：

① 喷油器雾化良好。

　　□是　□否

② 喷油器的喷油角度 >30°。

　　□是　□否

a) 轴针式喷油器　　　　b) 孔式喷油器

图 2-17　喷油器分类

2. 按阻值分类

(1) 高阻抗：12～17Ω，采用电压驱动方式。

(2) 低阻抗：0.6～3Ω，采用电压或电流驱动方式。

低阻抗喷油器采用电压驱动方式时，需串联一个附加电阻(如本田汽车)。采用电流驱动方式时，开启电流 4～8A，保持电流 1～2A(图 2-18)。在欧洲及通用汽车上，也叫峰值保持型喷油器。

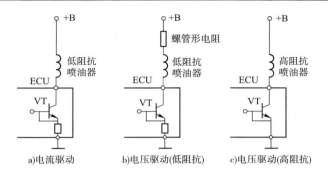

图 2-18 喷油器的驱动形式

3. 按燃油系统喷射方式分类

电控燃油喷射发动机的喷射方式可分为单点喷射 SPI 和多点喷射 MPI。多点喷射又分为同时喷射、分组喷射、顺序喷射。

(1) 同时喷射：

同时喷射即各缸喷油时刻相同。早期生产的间歇燃油喷射发动机多是同时喷射,其喷油器控制电路和控制程序都较简单。其控制电路如图 2-20 所示,所有喷油器并联,微型计算机根据曲轴位置传感器送入的基准信号,发出喷油器控制信

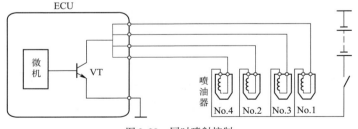

图 2-20 同时喷射控制

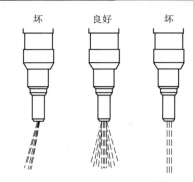

图 2-19 喷油器喷油情况

③喷油量 40～50mL/15s,各喷油器误差 <5mL。

喷油量是：_____。　　□正常　□否

④喷油柱是在旋转的。

　　　　　　　　　　　□是　□否

⑤在保压试验中,每分钟漏油少于 1 滴。

　　　　　　　　　　　□是　□否

8. 更换损坏的喷油器,更换喷油器接头的密封胶圈,把喷油器安装回发动机上。

　　　　　　　　　　□完成　□没有完成

二、检测喷油器电阻、波形

1. 实训准备：丰田、本田或大众汽车、万用表、示波器。
2. 你所用的实训设备：

车型：_____；

号,控制功率三极管 VT 的导通和截止,从而控制各喷油器电磁线圈电路同时接通和切断。曲轴每转一周,各缸喷油器同时喷射一次,即一个工作循环中各缸喷油器同时喷射两次。

(2)分组喷射:

分组喷射即多缸发动机分为若干组进行喷射,同一组各缸同时喷油,不同组间顺序喷油。一般把喷油器分成 2~4 组(四缸发动机通常分成 2 组),由微型计算机分组控制喷油器,各组轮流交替喷射。每一工作循环中,各喷油器均喷射 1 次或 2 次。一般多是发动机每转一周,只有 1 组喷射。其喷射控制电路如图 2-21 所示。

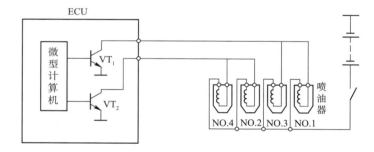

图 2-21 分组喷射控制

(3)顺序喷射:

顺序喷射也叫独立喷射,即按点火顺序要求逐缸喷射。曲轴每转 2 周,各缸喷油器都按点火顺序轮流喷射 1 次。其控制电路如图 2-22 所示。各喷射器分别由微型计算机进行控制,驱动回路数与汽缸数相等。

发动机型号:_____;
车辆识别码:_____。
3.检查喷油器电阻。

拔下喷油器的插头,用欧姆表测量喷油器插头间的电阻。

1 缸电阻_____;2 缸电阻_____;
3 缸电阻_____;4 缸电阻_____。

4.喷油器控制信号检查。

(1)用示波器检测喷油器信号波形。

①按示波器使用手册接好示波器。

②启动并暖机。　　　　　　　□任务完成

③观察怠速及加速时喷油时间变化情况。□任务完成

④绘制喷油器波形图,要求标出时间轴与电压轴,并分析喷油器的喷油时间,尖峰电压值。

(2)用诊断仪读取喷油器脉宽。

使用 X431 或 KT600 读取发动机数据流,读取喷油时间。一般喷油脉宽在 2~5ms 之间。

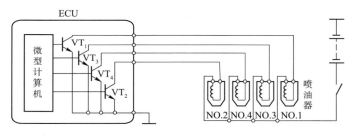

图 2-22 顺序喷射控制

五 喷油器的故障形式

(1)喷嘴脏堵:汽油中胶质成分堵塞在喷嘴,导致喷孔变小,喷油量减少。

检测办法:使用喷油器清洗机检查 15s 喷油量,一般为 40~70mL,具体以各车型维修手册为准。

处理办法:清洗,分为解体清洗与不解体清洗。

(2)喷嘴针阀磨损漏油:会导致油耗增大,汽车冒黑烟故障。

检查方法:可用油压检测法,解体检查可在喷油器清洗机上进行,要求 1min 渗漏少于 1 滴。

(3)电磁线圈匝间短路:会导致电脑内部喷油器驱动三极管损坏。

检测办法:对比测量电阻法,示波器测量喷油波形法。

对比测量电阻法:同一台发动机喷油器的电阻阻值应相同,如某一个喷油器电阻与其他喷油器电阻相差 0.5Ω 以上,则该喷油器可能损坏。

示波器测量喷油波形法:

图 2-23 是饱和开关型喷油器波形,波形上显示四个数据:电源电压、喷油脉

实测值为:_____。

(3)用万用表交流档测量喷油控制信号。

怠速时大约 1.6V,急加速时电压可达 2~9V。

实测值为:_____。

(4)用二极管灯检测喷油控制信号。

拔下喷油器插头,在插头两线端接上二极管试灯,启动发动机,正常试灯应闪烁。

□试灯闪烁　□试灯不闪烁

5.学习支持:喷油器波形分析方法如下:

(1)示波器显示一条 0V 直线。

首先确认示波器和喷油器连接是否良好,确认必要的部件运转的(分电器曲轴、凸轮轴等),检查喷油器的供电电源电路以及控制电脑的电源和接地电路。

如果喷油器供电电源正常,喷油器线圈可能开路或者喷油器插头损坏,个别情况是喷油器控制电路短路接地。

(2)示波器显示一条 12V 供电电压水平直线。

首先确认必要部件运转良好(如分电器、曲轴、凸轮轴等),如果喷油器供给电压正常。这可能由以下原因造成:控制电脑没有收到曲轴、凸轮轴位置传感器传出发动机转速信号或同步信号。控制电脑内部或外部接地电路不良,控制电脑电源故障、控制电脑内部喷油驱动器损坏。

(3)示波器显示有脉冲信号出现。

确定脉冲信号的幅值,频率和形状及脉冲宽度等

宽、最低电压和峰值电压。电源电压一般为 12V，无波动。喷油脉宽一般为 2~5ms，加速时可达到 6~35ms。峰值电压是喷油器驱动电路切断时喷油器线圈产生的自感电动势，各厂系列不同，一般在 30~100V，检测时主要对比同一台发动机各缸喷油器的峰值电压，如某一缸喷油器峰值电压偏低，则可能是该喷油器电源或线圈有故障。

图 2-24 是峰值保持型喷油器波形，波形从电源电压开始，表示喷油器关闭，当波形电压变为 0V，开始喷油，发动机 ECU 检测到喷油器电流达到 4A 时，将电流切换到 1A，保持喷油器打开，这次电流减少导致喷油器线圈产生磁场突变产生第一个尖峰。当喷油器电流完全切断时，喷油器停止喷油，产生第二个尖峰。加速时，第一个尖峰不动，第二个尖峰右移。

判定性尺度都是一致的，在启动时大多数会发出 6~35ms 脉冲宽度。正常运行有 2~5ms 脉冲宽度。

检查喷油器尖峰高度幅值的一致性和正确性。如果尖峰异常的短可能说明喷油器线圈短路（图 2-25、图 2-26）。检查波形从对地水平升起的是否太高，太高可能说明喷油器线圈电阻太大或者控制电脑中喷油器驱动器接地不良（图 2-27）。

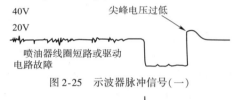

图 2-25 示波器脉冲信号（一）

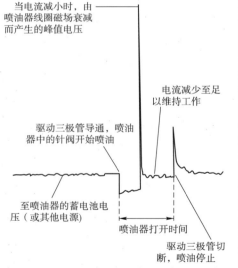

图 2-23 饱和开关型喷油器波形　　图 2-24 峰值保持型喷油器波形

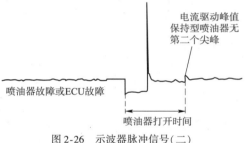

图 2-26 示波器脉冲信号（二）

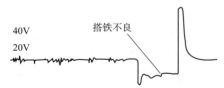

图 2-27 示波器脉冲信号（三）

项目三
汽车电控发动机点火系统检修

1. 会使用示波器检测点火初级、次级电压波形；
2. 会使用解码仪、正时枪检测点火提前角；
3. 会使用万用表、示波器检测 IGT、IGF 信号；
4. 能检测判断磁电式、光电式、霍尔式曲轴位置传感器工作情况，准确率达到 90%；
5. 会分析点火系电路图，能检修点火系典型故障，准确率达 60% 以上。

项目三　汽车电控发动机点火系统检修

任务3.1　了解汽油机点火系统的要求

汽油机点火系统的任务是点燃气缸内的可燃混合气。点火系统的性能对汽油机的动力性、经济性、排放有十分重要的影响。

一　汽油机对点火系统的要求

为了保证发动机在各种工况下可靠并准确地点火,点火系统必须满足以下要求。

1 提供足够高的次级电压,使火花塞电极间跳火

能使火花塞电极间产生电火花的电压,称为击穿电压。启动时,需要最高击穿电压17kV左右,发动机在低速满负荷时需要8~10kV的击穿电压。为了使点火可靠,通常点火系统的次级电压大于击穿电压。现代发动机中大多数的点火系统都能提供20kV以上的次级电压。

次级电压的检测方法:
(1)使用示波器点火系统分析功能直接读出电压值。
(2)通过跳火距离判断,正常点火系统高压可以跳过7mm的气隙,电控点火可以跳过10mm以上的气隙。

2 火花要具有足够的能量

火花的能量不仅和火花的电压有关,而且还和火花电流以及火花持续时间有

实训3.1　汽油机点火系统试验

1．实训准备:丰田、本田或大众汽车、万用表、正时枪、示波器、解码器。

2．你所用的实训设备:
车型:_____;
发动机型号:_____;
车辆识别码:_____。

3．检测点火系统次级电压:
(1)用示波器检测点火系统初级与次级电压。
①按示波器使用手册接好示波器。
②启动并暖机。　　　　　□任务完成
③绘制点火初级信号与次级信号波形图,要求标出时间轴与电压轴,并分析各缸初级和次级电压是否正常。

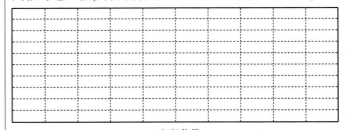

a)初级信号

关,点火能量越大,着火性能越好。在发动机启动、怠速及急加速等情况下要求较高的点火能量。目前采用的高能点火装置,点火能量都要求超过80~100mJ。

点火能量的检测方法:

(1)通过跳火的火花颜色判断,能量足够时火花为蓝色,能量不足时火花显红色。

(2)通过跳火的响声判断,能量越足,响声越大。

3 点火系统应按发动机的发火顺序并以最佳时刻(点火提前角)进行点火

最佳点火提前角是由发动机的动力性、经济性和排放性能要求共同确定的。

1)点火提前原理

发动机工作中,火花塞产生电火花点燃混合气后,火焰需要一定的时间才能传播至整个燃烧室,这就是说从开始点火到混合气燃烧产生最大压力,有一定的时间延迟。实践和理论证明,混合气燃烧产生的最高压力出现在活塞上止点以后的曲轴转角10°左右最佳,因此点火时间要有适当提前,如图3-1所示。

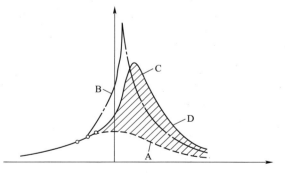

图3-1 点火提前角对发动机性能的影响
A-不点火;B-点火过早;C-点火适当;D-点火过迟

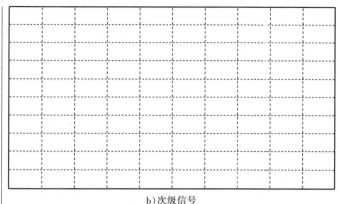

b)次级信号

(2)人工吊火试验点火电压。

拆下火花塞,直接用中央高压线对负极试火,观察高压电的跳火距离。

实测跳火距离为_____。

是否正常:　　　　　　□是　□否

观察高压电的跳火颜色。实测颜色为_____。

是否正常:　　　　　　□是　□否

4.检测点火提前角:

(1)用解码仪读取点火提前角。

①按解码仪使用手册接好解码仪。

②起动并暖机怠速运转。

③读取发动机数据流,记录点火提前角为_____。

项目三 汽车电控发动机点火系统检修

2）最佳点火提前角确定依据

（1）发动机转速：点火提前角应随着发动机转速的升高而增大。

（2）负荷：随负荷的增大，混合气浓度增加，燃烧速度加快，应减小点火提前角。

（3）燃油辛烷值：辛烷值越高，抗爆性越好，点火提前角可适当增大，反之应减小。

（4）其他因素：还应考虑燃烧室形状、燃烧室内温度、空燃比、大气压力、冷却水温度等。

3）控制点火提前角的基本方法

对一般的发动机而言，启动时的初始点火提前角是固定的，一般为10°左右，与发动机工况无关。

发动机启动后正常运转时，实际的点火提前角的控制方法为：

实际点火提前角 = 初始点火提前角 + 基本点火提前角 + 修正点火提前角

4）点火提前角的检测方法

（1）电控发动机可用解码仪数据流功能读取点火提前角。

（2）用正时枪检测点火提前角，如图3-2所示。

5）点火提前角对发动机的影响

如果点火过迟，当活塞到达上止点时才点火，则混合气的燃烧主要在活塞下行过程中完成，会导致发动机过热、水温过高、功率下降、排气管放炮。

如果点火过早，由于混合气的燃烧完全在压缩行程进行，汽缸内的燃烧压力急剧升高，当活塞到达上止点前即达最大，使活塞受到反冲，发动机做负功，不仅使动机的功率降低，并有可能引起爆燃和运转不平稳现象，还会造成运动部件和轴承加速损坏。

实测点火提前角为_____。

④把发动机加速到3500r/min，读取此时的点火提前角。

实测3500r/min时点火提前角为_____。

结论：_____。

（2）用正时枪检测点火提前角。

①按正时枪使用手册接好正时枪。

②启动并暖机怠速运转。

③如图3-2所示，用正时枪检测点火提前角并记录。

实测点火提前角为_____。

④把发动机加速到3500r/min，检测此时的点火提前角。

实测3500r/min时点火提前角为_____。

5．试验点火提前角对发动机的影响：

（1）逆分火头转动方向适当转动分电器，增大点火提前角，观察对发动机的影响。

怠速时：_____。

急加速时：_____。

（2）顺分火头转动方向适当转动分电器，减小点火提前角，观察对发动机的影响。

怠速时：_____。

急加速时：_____。

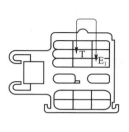

图 3-2　用正时枪检测点火提前角

● 传统点火系统的工作原理（图 3-3）

传统点火系统由蓄电池、点火开关、点火线圈、断电器和分电器组成。当断电器触点闭合时，初级电路通电，初级电流从蓄电池的正极经点火开关、点火线圈的初级绕组、断电器触点臂、触点，搭铁流回蓄电池的负极。在初级绕组通电时，其周围产生磁场，并由于铁芯的作用而加强。

当断电器凸轮顶开触点时，初级电路被切断，初级电路迅速下降到零，铁芯中的磁通随之迅速衰减以至消失，因而在匝数多、导线细的次级绕组中感应出很高的电压，使火花塞两极之间的间隙被击穿，产生火花。

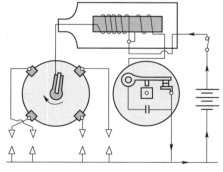

图 3-3　传统点火系工作原理

6. 点火线圈的检查：

（1）观察点火线圈外壳是否破损，是否有液体渗漏。　　　　　　　　　　□是　□否

（2）观察点火线圈各接线柱是否有锈蚀，高压线插孔是否锈蚀或破损。　　　　□是　□否

（3）观察点火线圈附加电阻是否有破损。
　　　　　　　　　　　　　　　　　□是　□否

（4）用万用表欧姆挡检查点火线圈负极接线柱（-）和启动开关接线柱之间的电阻值。该电阻为_____Ω。该电阻是哪个线圈的电阻？
　　　　　　　□初级线圈　□次级线圈
该电阻是否在正常值范围内？　□是　□否

（5）用万用表检查点火线圈正极接线柱（+）和高压线插孔之间的电阻值。该电阻值为_____Ω。该电阻是哪个线圈的电阻？答：_____。

（6）用万用表欧姆挡测量点火线圈负接线柱和外壳之间的电阻，电阻值为_____Ω，阻值是否正常？
　　　　　　　　　　　　　　　　　□是　□否

（7）用万用表欧姆挡测量点火线圈中央插孔和外壳之间的电阻，电阻值为_____Ω，阻值是否正常？
　　　　　　　　　　　　　　　　　□是　□否

（8）根据上面的测试，判定这个点火线圈的好坏。
　　　　　　　　　　　　　　　　　□是　□否

任务 3.2　检修电子控制有分电器点火控制系统

一　电子控制点火系统的组成

电子控制点火系统主要由电源、曲轴位置传感器、凸轮轴位置传感器、节气门位置传感器、爆震传感器、ECU、点火器、点火线圈、分电器、火花塞等组成。其主要功能是根据曲轴位置、凸轮轴位置、发动机转速、负荷等信号,计算最佳的点火提前角,使发动机在各种工况下均能达到最佳点火时刻,从而提高发动机的动力性、经济性、改善排放指标。点火系统组成如图3-4所示。

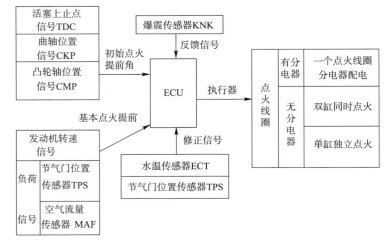

图3-4　点火控制系统组成

实训 3.2　检测点火模块

1. 实训准备:丰田4A、丰田5A、皇冠3.0、LS400等汽车发动机、万用表、示波器。

2. 你所用的实训设备:
车型:_____;
发动机型号:_____;
车辆识别码:_____。

3. 检测点火模块各线电压:

分析图3-5丰田汽车点火模块共有五根线,分别为_____,地线直接在外壳搭铁。其中 +B 为_____, C 为_____, EXT 为发动机转速表信号线。

拔下点火模块线束,打开点火开关,用万用表测量点火模块线束各线(表3-1)。

用万用表测量点火模块线束　　表3-1

信　号	理论分析值	实际测量值
+B		
IGT		
IGF		
C		
EXT		

电子控制有分电器电火系统的工作原理

下面以丰田 5A 发动机点火电路说明有分电器点火系统的工作原理。5A 发动机点火系统电路如图 3-5 所示。

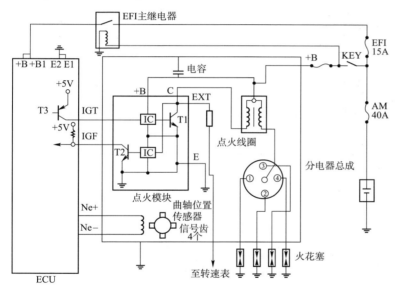

图 3-5 丰田 5A 发动机点火电路

发动机工作时,ECU 根据接收到的曲轴位置传感器(CKP)、凸轮轴位置传感器(CMP)的输入,判断汽缸位置,确定初始点火时间。根据发动机转速(Ne 信号)和节气门位置传感器的负荷信号,确定基本点火提前角。根据爆震传感器、水温等信

插上点火模块,启动发动机,用万用表测量各线电压(表3-2)。

用万用表测量各线电压　　表 3-2

信　号	理论分析值	实际测量值
+B		
IGT		
IGF		
C		
EXT		

根据你的测量结果进行分析,你能得出什么结论?

4. 点火信号试验:

(1)在正常运转的发动机上,断开 IGT 信号线,会有什么事情发生?

□发动机熄火　□不熄火

(2)在正常运转的发动机上,断开 IGF 信号线,会有什么事情发生?

□发动机熄火　□不熄火

5. 检测点火信号波形:

用示波器检测 IGT 和 IGF 信号波形。

(1)按示波器使用手册接好示波器。

(2)启动并暖机。

号修正点火提前角。ECU 通过计算,确定最佳的点火提前角和通电时间,产生点火正时信号 IGT(图 3-6)送至点火器,当 IGT 为 5V 时,点火器串联在点火线圈初级回路中的三极管 T1 导通,点火线圈导通充磁。当 IGT 变为 0V 时,T1 截止,点火线圈初级电流被切断,次级线圈中感应产生高压电,再由分电器送至相应各缸火花塞点火。

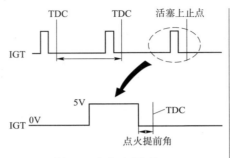

图 3-6 点火正时信号 IGT

在点火系统正常点火的同时,点火器产生点火确认信号(IGF)反馈给 ECU。在发动机工作过程中,当 ECU 向点火器发出 8～11 个点火正时信号(IGT)后,ECU 还没有接收到 IGF 信号,ECU 则判断为点火器故障,发出指令停止喷油器工作,防止催化转换器过热。

三 点火控制信号检测

1 使用示波器检测(图 3-7)

2 使用万用表检测

根据电路原理分析,拔下点火模块线束,打开点火开关,测量 IGT 电压应接近 0V,IGT 为 5V。插上点火模块,启动发动机,IGT 和 IGF 电压应在 0.8～2V 之间变化。

(3)绘制 IGT 和 IGF 信号波形图,要求标出时间轴与电压轴。

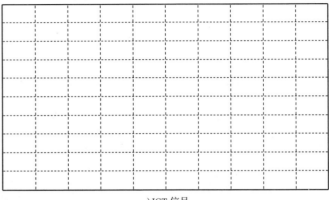

a) IGT 信号

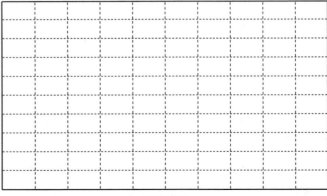

b) IGF 信号

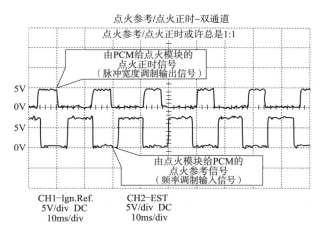

图 3-7 IGT、IGF 波形

(4)通过分析波形图判断信号是否正常。

□信号正常　□信号不正常

任务 3.3　检测磁脉冲式曲轴位置传感器

一　曲轴位置传感器的作用

曲轴位置传感器用来检测曲轴转角位移,给 ECU 提供发动机转速信号和曲轴转角信号,作为燃油喷射和点火控制的主控信号。

凸轮轴位置传感器用来给 ECU 提供曲轴转角基准位置(第一缸压缩上止点)信号,作为燃油喷射控制和点火控制的主控信号。

实训 3.3　检测磁脉冲式曲轴位置传感器

一、检测捷达汽车曲轴位置传感器

1. 实训准备:大众捷达汽车、万用表、示波器、通用工具。

2. 你所用的实训设备:

项目三　汽车电控发动机点火系统检修

◼ 二　磁脉冲式曲轴位置传感器结构

电磁感应式转速和曲轴位置传感器的结构主要由外缘带齿的触发盘（信号盘）和信号发生器两部分组成，如图3-8所示。信号发生器中主要有磁头和传感器壳两部分，其中磁头由永久磁铁、铁芯和感应线圈构成。

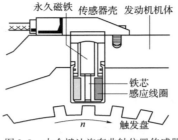

图3-8　大众捷达汽车曲轴位置传感器

◼ 三　磁脉冲式曲轴位置传感器工作原理

触发盘通常安装在曲轴前后端，或凸轮轴前端，或在分电器轴上，随着曲轴的转动而转动。当发动机转动时，触发盘外缘上的齿使磁头与触发盘之间的间隙发生周期性变化，从而使两者之间的磁通发生变化，在磁头上的感应线圈中便产生与发动机转速相关的周期信号（图3-10）。ECU通过检测信号波形的周期，就可以获得发动机的转速。

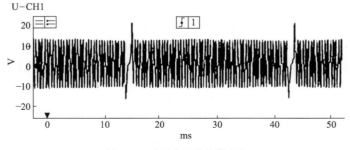

图3-10　曲轴位置传感器波形

车型：_____；
发动机型号：_____；
车辆识别码：_____。

情景导入：一辆一汽大众捷达汽车在路上行驶时突然熄火，车主只好依惯性靠路边停下，并多次打火，但还是不能成功启动。这时只好打电话给一汽大众服务站。

一汽大众服务站派你修理，你如何处理？

首先我们要分析发动机不能启动的因素（图3-9）。

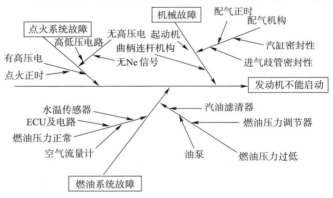

图3-9　发动机不能启动的因素

维修时，遵循"由表及里、由简到繁"的原则。

（1）检查油箱是否有油。　　　　□有　□否
（2）检查起动机是否运转正常。　□是　□否
（3）检查有没有高压火。　　　　□有　□否
（4）检查油压是否正常。　　　　□有　□否

四 丰田皇冠汽车 2JZ-FE 发动机曲轴位置传感器

丰田皇冠汽车 2JZ-FE 发动机曲轴位置传感器安装于分电器内,如图 3-12 所示。该传感器分成上、下两部分:上部分产生凸轮轴位置 G 信号;下部分产生转速 Ne 信号。当带有轮齿的转子旋转时,信号发生器感应线圈内的磁通量变化,从而在感应线圈里产生交变的感应电动势信号,将此信号放大后,送入 ECU。

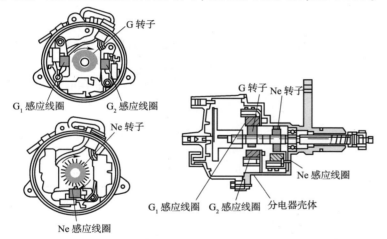

图 3-12 丰田皇冠汽车 2JZ-FE 发动机曲轴位置传感器

传感器电路如图 3-13 所示。

Ne 信号是检测曲轴转角及发动机转速的信号。G 信号用于判别气缸及检测活塞上止点位置,G_1 信号对应 6 缸上止点前 10°,G_2 信号对应 1 缸上止点前 10°,如图 3-14 所示。

通过检查,没有高压火,什么原因呢?

3. 分析没有高压火的因素:

(1)分析捷达汽车点火系统电路图(图 3-11)。

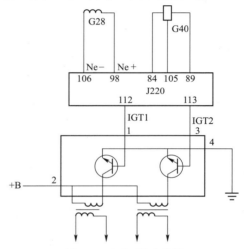

图 3-11 电火系统电路图

(2)根据电路图分析影响高压电的因素。

(3)检查传感器安装是否正常。　　□是　□否

(4)检测点火器各线是否正常。

①检测点火器 2# 线是否有 12V 电压。

　　　　　　　　　　　　　　　　□有　□否

②检测点火器 4# 搭铁线对地电阻是否小于 1Ω。

　　　　　　　　　　　　　　　　□是　□否

③使用示波器检测 IGT1 和 IGT2 线波形,并绘制出来。

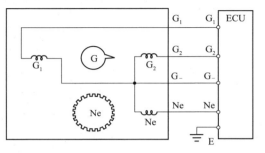

图 3-13 丰田曲轴位置传感器电路图　　图 3-14 丰田曲轴位置传感器工作原理

利用 Ne 和 G_1、G_2 信号，ECU 可以判断基准活塞位置、发动机转速，决定喷油时间、喷油量和点火提前角。传感器波形如图 3-15 所示。

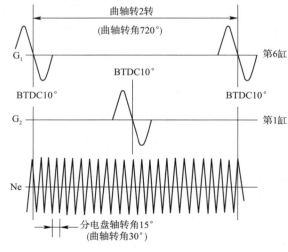

图 3-15　G_1、G_2、Ne 信号与曲轴转角的关系

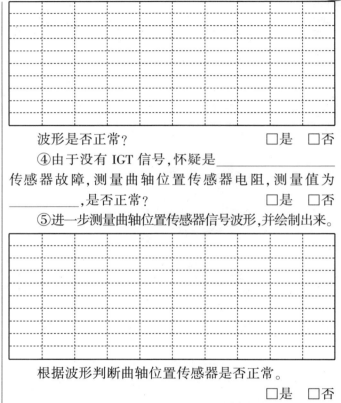

波形是否正常？　　　　　　　□是　□否

④由于没有 IGT 信号，怀疑是_____传感器故障，测量曲轴位置传感器电阻，测量值为_____，是否正常？　　　　□是　□否

⑤进一步测量曲轴位置传感器信号波形，并绘制出来。

根据波形判断曲轴位置传感器是否正常。

□是　□否

⑥至此，可以判断这辆汽车发动机的故障为_____。

⑦修复发动机，并恢复各部件的安装，启动发动机，使用解码器清除故障码。

五、磁脉冲式曲轴位置传感器检测

1 开路检测

关闭点火开关,拔下传感器接头,测量磁脉冲式曲轴位置传感器电阻,一般在 300~1500Ω 之间。而旧式的丰田皇冠汽车 2JZ-FE 发动机曲轴位置传感器电阻如表 3-3 所示。

2 在线检测

用万用表 AC 电压档测量磁脉冲式曲轴位置传感器输出电压,启动时电压应高于 0.5V,正常运转时应为 2~4V。

表 3-3 凸轮轴/曲轴位置传感器的电阻值

端　子	条　件	电阻值(Ω)
G1 -G-	冷态	125~200
	热态	160~235
G2 -G-	冷态	125~200
	热态	160~235
Ne-G-	冷态	155~250
	热态	190~290

在线时最好用示波器检测,不但能显示输出电压,还能发现不正常的信号,有利于判断故障,如图 3-16、图 3-17 所示。

磁电式曲轴位置传感器波形分析:
(1)触发轮上相同的齿形应产生相同形式的连续脉冲,脉冲有一致的形状、幅

二、丰田皇冠曲轴位置传感器检测

1.实训准备:丰田皇冠汽车、万用表、示波器、通用工具。

2.你所用的实训设备:
车型:_____;
发动机型号:_____;
车辆识别码:_____。

3.检测过程:

(1)汽车安全与防护措施:
①安放车轮挡块。　　　　　　□是　□否
②安放座套、转向盘套、脚垫等。　□是　□否
③安放座套、转向盘套、脚垫等。　□是　□否

(2)发动机基本状态检查:
①检查机油液面。　　　　　　是否正常□
②检查机油液面。　　　　　　是否正常□
③检查冷却液面。　　　　　　是否正常□
④检查制动液面。　　　　　　是否正常□
⑤检查蓄电池电压,电瓶连接。　是否正常□
⑥检查各线路连接情况。　　　是否正常□
⑦检查发动机故障灯。　　　　是否正常□

(3)据图 3-13 分析,检查曲轴位置传感器电阻,并填入表 3-4。

值（峰对峰电压）并与曲轴（或凸轮）的转速成正比，输出信号的频率（基于触发的转动速度）及传感器磁极与触发轮间气隙对传感器信号的幅值影响极大。

（2）一些发动机在设计时，除去传感器触发轮上一个齿或两个相互靠近的齿所产生的同步脉冲，可以确定上止点的信号。缺齿会引起输出信号频率的变化，而在齿数减少的情况下，幅值也会变化，如图3-16所示。

（3）各个最大（最小）峰值电压应相差不多，若某一个峰值电压低于其他的峰值电压，则应检查触发轮是否有缺角或弯曲，如图3-17所示。

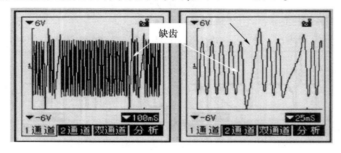

图3-16　磁电式曲轴位置传感器信号齿损坏故障波形

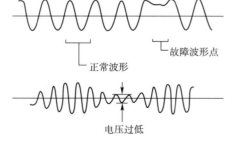

图3-17　磁电式曲轴位置传感器故障波形

凸轮轴/曲轴位置传感器的电阻值　表3-4

端　子	条　件	电阻值(Ω)
$G_1 - G -$		
$G_2 - G -$		
$Ne - G -$		

根据所测数据分析，判断曲轴位置传感器的电阻是否正常。　　　　　　　　　　□是　□否

（4）使用万用表 AC 电压档测量磁电式曲轴位置传感器输出电压，并填在表3-5。

凸轮轴/曲轴位置传感器的信号电压　表3-5

端　子	条　件	电压值(V)
G_1		
G_2		
$Ne -$		

根据所测数据分析，判断曲轴位置传感器信号的电压是否正常。　　　　　　　　□是　□否

（5）使用示波器检测 G_1、G_2、Ne 信号波形并绘制出来。

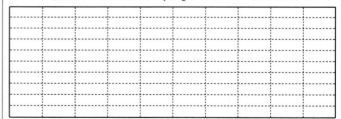

根据所测波形分析，判断曲轴位置传感器信号是否正常。　　　　　　　　　　□是　□否

任务 3.4　检测光电式曲轴位置传感器

一、光电式曲轴位置传感器的结构

光电式传感器如图 3-18 所示,主要由发光二极管、光敏三极管、遮光盘和控制电路组成。发光二极管、光敏三极管和控制电路固定在底板上,发光二极管和光敏三极管置于遮光盘的上、下两侧,遮光盘固定在分电器轴上,与分电器轴一同转动。遮光盘边缘上有两圈缝隙,外圈刻有 360 条缝隙,产生 1°曲轴转角信号;内圈刻有 6 条(六缸机)或 4 条(四缸机)缝隙,产生 180°曲轴转角信号,其中较宽的一条对应于一缸上止点。

二、光电式信号发生器的工作原理（图 3-19）

当发光二极管的光束照射到光敏三极管上时,光敏三极管感光而导通;当发光二极管的光束被遮挡时,光敏三极管截止。

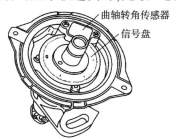

图 3-18　光电式曲轴位置传感器

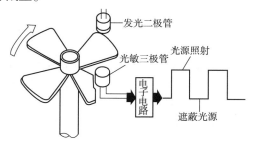

图 3-19　光电式信号发生器工作原理

实训 3.4　检测光电式曲轴位置传感器

1. 实训准备:日产汽车或三菱 6G72 发动机、万用表、示波器、蓄电池、二极管、500Ω 电阻、导线若干、通用工具。

2. 你所用的实训设备:
车型:_____;
发动机型号:_____;
车辆识别码:_____。

3. 光电式曲轴位置传感器试验:
根据电路图 3-21 的工作原理,设计试验电路图 3-20,从车上拆下传感器,按图接线,慢慢转动传感器驱动轴,直观观察发光二极管的闪烁情况,了解传感器的工作原理。

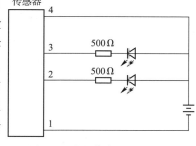

图 3-20　光电传感器试验电路

试验结果:两个二极管是否闪烁?　□是　□否
哪个二极管闪得更快一些?
　□1°信号　□120°信号

三、日产汽车光电式曲轴位置传感器电路原理（图3-21）

信号发生器输出的脉冲电压信号送至电子电路放大整形后，即向电控单元输送曲轴转角 1°数字方波信号（图 3-22）和 180°数字方波信号。因信号发生器安装位置的关系，180°信号在活塞上止点前 70°输出。发动机曲轴每转 2 圈，分电器轴转 1 圈，则 1°信号发生器输出 360 个脉冲，每个脉冲周期高电位对应 1°，低电压亦对应 1°曲轴转角，共表征曲轴转角 720°。相当于 Ne 信号，与此同时，180°信号发生器共产生 4 个脉冲信号，相当于 G 信号（图3-23）。

4. 光电式曲轴位置传感器线速检测：

根据电路图 3-21 的端子位置。检查时，脱开光电式曲轴位置传感器的导线连接器，把点火开关置于"ON"，用万用表的电压挡测量线束。测量结果记录在表 3-6。

线速检测结果　　　　　　表 3-6

端子名称	端子号	电压	是否正常

5. 光电式曲轴位置传感器输出信号检测：

插上导线连接器，启动发动机后的怠速运转，用万用表电压挡接在传感器信号线电压。测量结果记在表 3-7。

输出信号检测结果　　　　　表 3-7

端子名称	端子号	电压	是否正常

6. 光电式曲轴位置传感器波形检测：

（1）按示波器使用手册接好示波器。

（2）启动并暖机。

（3）绘制 1°信号与 180°信号波形图，要求标出时间轴与电压轴，并分析两个波形是否正常。

□波形正常　□波形异常

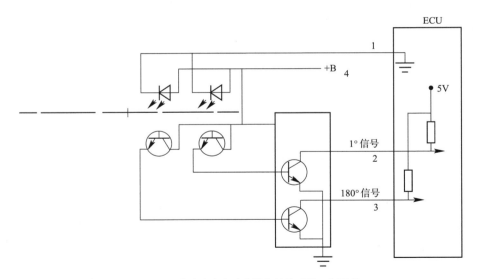

图 3-21　日产汽车光电式曲轴位置传感器工作原理

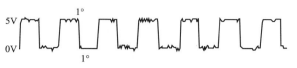

图3-22　1°信号波形

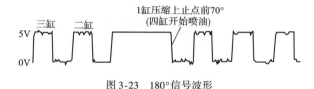

图3-23　180°信号波形

四 光电式曲轴位置传感器的检测

1 光电式曲轴位置传感器的线束检查

根据电路图3-21的端子位置。检查时,脱开光电式曲轴位置传感器的导线连接器,把点火开关置于"ON",用万用表的电压挡测量线束侧4#端子与地间的电压应为12V,线束侧2#端子和3#端子与地间电压应为4.8~5.2V,用万用表的电阻挡测量线束侧1#端子与地间应为0Ω(导通)。

2 光电式曲轴位置传感器输出信号检测

插上导线连接器,启动发动机后的怠速运转,用万用表电压挡接在传感器侧

通过对照波形分析四个要点,逐项分析所测波形是否正常。通过查阅相关资料,你认为是什么原因导致不正常波形产生的?

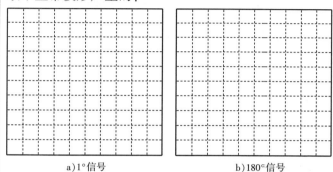

a) 1°信号　　　　　b) 180°信号

7. 学习支持:光电式曲轴位置传感器波形分析方法。

(1)波形的频率应随发动机转速的变化而变化,占空比在同步脉冲出现后才改变,能使占空比改变的唯一理由是转盘上不同宽度的孔通过传感器。

(2)检查波形形状的一致性,看波形上下端的尖角,一些高频光电式分电器,波形的上角可能出现圆角。

(3)检查波形幅值的一致性,由于传感器供电电压不变,因此所有波形的高度均应相等。实际应用中此波形有缺痕或上下各部有不规则形状,这也许是正常的,关键是一致性。

3# 端子和 1# 端子上,电压应为 0.2~1.2V;2# 端子和 1# 端子电压应为 1.8~2.5V。否则应更换光电式曲轴位置传感器。

3 光电式曲轴位置传感器波形检测

光电式曲轴位置传感器正常波形参见图 3-22。

(4)数字脉冲的幅值必须足够高,两个脉冲的时间不变(同步脉冲除外),并且形状是可重复预测的。

光电式曲轴位置传感器故障波形如图 3-24 所示。

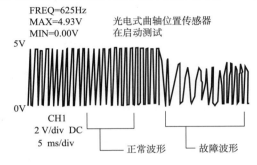

图 3-24　光电式曲轴位置传感器故障波形

任务 3.5　检测霍尔式曲轴位置传感器

一、霍尔效应原理

将通有电流的半导体置于与电流方向垂直的磁场中,在半导体与电流和磁场垂直的横向侧边上产生一个与电流和磁场强度成正比的霍尔电压,这个半导体元件就称为霍尔元件,这种现象叫霍尔效应,如图 3-25 所示。

当结构一定且电流 I 为定值时,霍尔电压与磁场强度 B 成正比。霍尔式转速和曲轴位置传感器就是利用触发叶片或轮齿改变通过霍尔元件的磁场强度,从而

实训 3.5 　检测霍尔式曲轴位置传感器

1. 实训准备:大众捷达汽车、桑塔纳分电器、万用表、示波器、电瓶、二极管、500Ω 电阻、导线若干、通用工具。

2. 你所用的实训设备:

车型:　　　　　　　　　　;

使霍尔元件产生脉冲的霍尔电压信号,经放大整形后即为转速和曲轴位置传感器的输出信号。其工作原理如图3-26所示,信号盘转动时,每当叶片进入永久磁铁与霍尔元件之间的气隙中时,永久磁铁的磁场被屏蔽,霍尔元件上没有磁场作用,因而不产生霍尔电压。当触发叶片离开气隙时,永久磁铁的磁通便作用在霍尔元件上,这时产生霍尔电压。这样,信号盘转动一圈,霍尔元件便会输出与叶片数相同的脉冲个数。

发动机型号:_____;
车辆识别码:_____。

3. 霍尔式曲轴位置传感器试验:

根据电路图3-27的工作原理,设计试验电路图3-28,在桑塔纳分电器(图3-29)传感器上按图接线,慢慢转动分电器驱动轴,直观观察发光二极管的闪烁情况,了解传感器的工作原理。

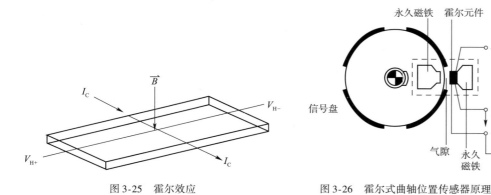

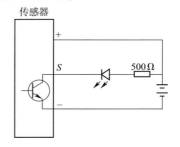

图3-28 桑塔纳分电器霍尔传感器试验

图3-25 霍尔效应

图3-26 霍尔式曲轴位置传感器原理

触发叶片霍尔效应式位置传感器原理

大众捷达汽车的霍尔式凸轮轴位置传感器安装在凸轮轴前端,采用触发叶片的结构形式,如图3-27所示。在发动机的凸轮轴皮带轮内侧固装着一个带触发叶片的信号轮,与凸轮轴一起旋转。信号轮外缘对半切开,各占180°弧长。

捷达汽车霍尔式凸轮轴位置传感器信号波形如图3-30所示。

图3-29 桑塔纳分电器

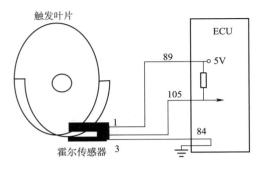

图 3-27　捷达汽车霍尔式凸轮轴位置传感器原理

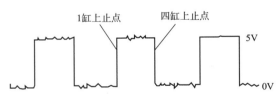

图 3-30　凸轮轴位置传感器信号波形

三、触发轮齿霍尔效应式位置传感器

克莱斯勒公司的霍尔式曲轴位置传感器安装在飞轮壳上,采用触发轮齿的结构如图 3-31 所示。

试验结果:二极管是否闪烁?

　　　　　□是　□否

二极管是在什么时候闪亮?

　　　　□缺口位置　□叶片挡住位置

4. 霍尔式凸轮轴位置传感器线速检测:

根据电路图 3-27 所示的端子位置。检查时,脱开霍尔式凸轮轴位置传感器的导线连接器,把点火开关置于"ON",用万用表的电压挡测量线束。把测量结果记在表 3-8 中。

线速检测结果　　　　　表 3-8

端子名称	端子号	电压	是否正常

5. 霍尔式凸轮轴位置传感器输出信号检测:

插上导线连接器,启动发动机,怠速运转,用万用表电压挡测量传感器信号线电压。把测量结果记在表 3-9 中。

输出信号检测结果　　　　　表 3-9

端子名称	端子号	电压	是否正常

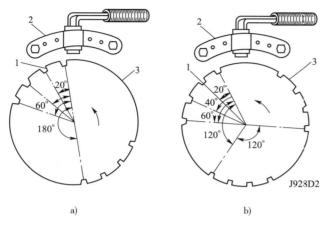

图 3-31 北京切诺基车用霍尔式曲轴位置传感器
1-槽；2-曲轴位置传感器；3-飞轮

四 霍尔式曲轴位置传感器检测

（1）用万用表检测电源、地线和信号线之间的电阻，万用表显示读数为 ∞（开路），如电阻小于 200kΩ，更换传感器。

（2）传感器电源、电压的测试（图 3-27）。

点火开关置于"ON"，用万用表测量传感器电源电压应为 5V，否则为电源、线断路或接头接触不良。

6. 霍尔式凸轮轴位置传感器波形检测

（1）按示波器使用手册接好示波器。

（2）启动并暖机，测量凸轮轴位置传感器波形。

（3）绘制霍尔式凸轮轴信号波形图，要求标出时间轴与电压轴，并分析波形是否正常。

□波形正常　　□波形异常

7. 学习支持：霍尔传感器波形分析方法。

（1）霍尔传感器正常显示波形如图 3-32 所示。

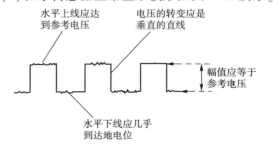

图 3-32 霍尔传感器波形分析

（3）端子间电压的检测。

用万用表的电压档,对传感器的三个端子间进行测试,当点火开关置于"ON"时,电源与地线端子间的电压值约为5V;信号线与地线端子间的电压值在发动机转动时,在0~5V之间变化,且数值显示呈脉冲性变化,最高电压5V,最低电压0V。如不符合以上结果,应更换曲轴位置传感器。

（2）霍尔传感器故障波形举例(图3-33)。

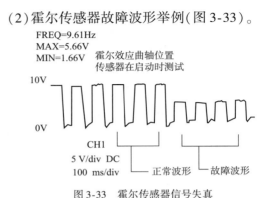

图3-33　霍尔传感器信号失真

任务3.6　检测爆震传感器

一、爆震

汽油发动机使用火花塞跳火将混合气点燃,并以火焰传播方式使混合气燃烧。如果在传播过程中,火焰还未到达时,局部地区混合气因高温、高压等自行着火燃烧,使气流运动速度加快,缸内压力、温度迅速增加,造成瞬时爆燃,这种现象称为爆震。

爆震是一种非正常燃烧,其危害极大,破坏了发动机的正常燃烧,从而使发动机动力性、经济性变差;爆震产生的压力会使气体强烈震荡,产生噪声;使发动机工作条件恶化,使火花塞、燃烧室、活塞等机件过热,严重情况下会使发动机损坏。

消除爆震的方法通常有:①采用抗爆震性能好的燃料;②改进燃烧室结构;③加强冷却水循环;④推迟点火时间,对消除爆震有明显的作用。

实训3.6　检测爆震传感器

1.实训准备:大众、丰田、本田等汽车正时枪、万用表、示波器、通用工具。

2.你所用的实训设备:

车型:_____;

发动机型号:_____;

车辆识别码:_____。

3.爆震传感器试验:

（1）按正时枪使用手册接好正时枪。

（2）启动并暖机怠速运转。　　　□任务完成

理论与实践证明:剧烈的爆震会使发动机的动力性和经济性严重恶化,而当发动机工作在爆震的临界点或有轻微爆震时,发动机热效率最高,动力性和经济性最好。

因此,利用点火提前角闭环控制系统能够有效地控制点火提前角,从而使发动机工作在爆震的临界状态。

爆震传感器(KNK)

1 功能

爆震传感器功能:是用来检测发动机有无爆燃发生及爆燃强度。

2 原理

爆震反馈控制原理如图3-34所示。爆震时,点火提前角的控制如图3-35所示。

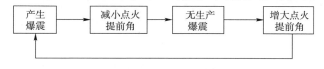

图3-34 爆震反馈控制原理

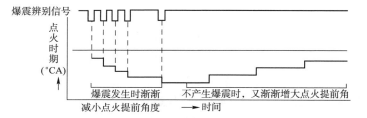

图3-35 爆震时点火提前角的控制

(3)用正时枪检测点火提前角并记录。

实测点火提前角为_____。

(4)用小锤子轻敲爆震传感器顶部,检测此时的点火提前角。

　　□点火提前角变小　　□点火提前角变大

4. 爆震传感器电阻、电压检测:

大众、丰田早期等汽车的爆震传感器两接线端间电阻为∞(不导通);若为0Ω(导通)则须更换爆燃传感器。传感器接线端与外壳电阻也是∞(不导通)。传感器初始电压为0V。

近年生产的汽车爆震传感器增加了自诊断电路,如图3-36所示,一般电阻为120~280Ω,诊断电压为5V。

将爆震传感器线束检测结果填入表3-10。

线 束 检 测 结 果　　　表3-10

检测端子	电　　压	是否正常

将爆震传感器电阻检测结果填入表3-11。

电 险 检 测 结 果　　　表3-11

检测端子	电　　阻	是否正常

项目三 汽车电控发动机点火系统检修

❸ 类型

发动机爆震传感器有压电式和磁致伸缩式两种，常用的压电式又分为共振型、非共振型与火花塞座金属垫型爆震传感器。

❹ 压电晶体型爆震传感器的工作原理

压电晶体型爆震传感器是利用压电晶体的压电效应原理制成的。安装在发动机机体上的压电晶体型爆震传感器，在发动机工作时随发动机振动，使压电元件受到拉、压的作用，从而产生交变的电压信号，如图3-36所示。当机体振动的频率与压电元件的固有频率一致时，将产生共振。共振时传感器产生的电压信号的幅值迅速增加。

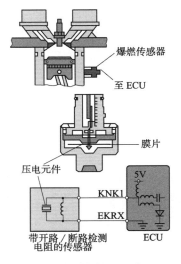

图3-36 爆震传感器的工作原理

❺ 压电晶体型爆震传感器的结构

1) 共振型爆震传感器

共振型爆震传感器的典型结构如图3-37所示。这类传感器是由与爆燃几乎具有相同共振频率的振子和能够检测振子振动压力并将其转换成电压信号的压电元件构成。

2) 非共振型爆震传感器

非共振型爆燃传感器的典型结构如图3-38所示。非共振式内部无震荡片，但设一个配重块，以一定的预紧压力压紧在压电元件上。当发动机发生爆燃时，配重块以正比于振动加速度的交变力施加在压电元件上，压力元件则将此压力信号转

5. 爆震传感器波形检测：

打开点火开关，不启动发动机，用小锤子轻敲爆震传感器顶部。在敲击时，示波器上应有突变波形，检测记录之，并分析波形是否正常。

□波形正常 □波形不正常

6. 学习支持：爆震传感器波形分析方法。

将爆震传感器的导线连接器断开，连接波形测试设备，打开点火开关，不启动发动机，使用木槌敲击传感器附近的发动机汽缸体以使传感器产生信号。

在敲击发动机体之后，紧接着在波形测试设备上应显示有一振动，敲击越重，振动幅度就越大。爆震传感器波形如图3-39所示。

图3-40是共振型爆震传感器波形，基准地压是0V，当屏幕锁定时，峰对峰电压达到2.11V，频率为8.33kHz。一般峰值电压超过0.5V，ECU将判断发生了爆震。

电压轴每格500mV，时间轴每格500μs。

变成电信号输送给 ECU。

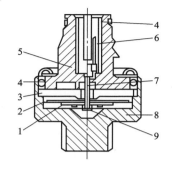

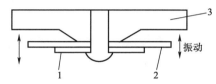

图 3-37 共振型爆震传感器

1-压电元件；2-振子；3-基座；4-O 形密封圈；5-连接器；6-接头；7-密封剂；8-壳体；9-引线

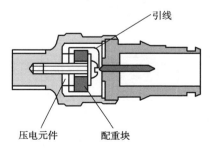

图 3-38 非共振型爆震传感器

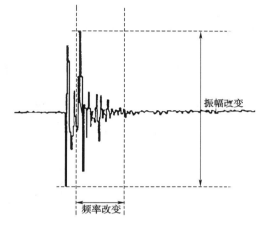

图 3-39 爆震传感器波形

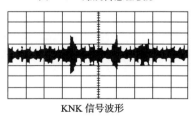

KNK 信号波形

图 3-40 共振型爆震传感器波形

非共振型爆震传感器感测频率范围设计成零至数千赫兹，可检测具有较宽频带的发动机振动频率。用于不同发动机时，只需调整 ECU 内滤波器的过滤频率，适应范围广，适合大部分汽车使用。非共振型爆震传感器波形如图 3-41 所示。

项目三 汽车电控发动机点火系统检修

3) 火花塞座金属垫型爆震传感器

火花塞座金属垫型爆震传感器的典型结构如图3-42所示。火花塞座金属垫型爆震传感器是在火花塞的垫圈部位装上压电元件,根据燃烧压力直接检测爆燃信息,并将振动压力转换成电压信号输出。这类爆震传感器一般每缸火花塞都安装一个。

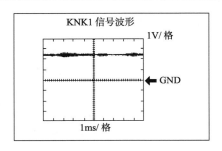

图 3-41 非共振型爆震传感器波形

由于该传感器加有 5V 的诊断电压,经传感器与 ECU 内电阻分压后形成 2.5V 的基准工作电压,波形在 2.5V 位置上下振动。

在爆震发生时的频率及附近,这种传感器输出的信号不会有很大变化,具有平的输出特性。但如果用木槌敲击传感器时显示一根直线,则应更换。

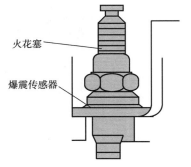

图 3-42 火花塞座金属垫型爆震传感器

任务 3.7 检测双缸同时点火系统

无分电器点火系统(Distributorless Ignition System)又称直接点火系统,简称DIS,直接将点火线圈次级绕组与火花塞相连,提高点火可靠度。目前常用的(DIS)系统有双缸同时点火装置和单缸独立点火装置。

双缸同时点火装置指两个汽缸合用一个点火线圈,一个点火线圈有两个高压输出端,分别与火花塞相连,负责对两个同位汽缸同时点火。点火时,同位汽缸一个处于压缩上止点,一个处于排气上止点。由于压缩缸的汽缸压力较高,击穿火花

实训 3.7 检测双缸同时点火系统

1. 实训准备:大众捷达、桑塔纳 AJR 等汽车发动机、万用表、示波器。

2. 你所用的实训设备:

车型:_____;

塞间隙较为困难,击穿电压高,属有效点火。排气缸压力接近大气压,击穿间隙放电容易,消耗的电压较小,属无效点火。

下面以大众捷达汽车点火系统为例分析其工作原理:

控制电路如图3-43所示。曲轴位置传感器G28可输出Ne、一缸和四缸上止点位置信号,凸轮轴位置传感器G40可发出一缸和四缸压缩上止点位置信号。

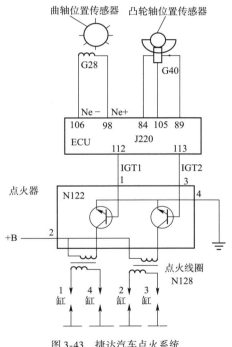

图3-43 捷达汽车点火系统

发动机型号:_____;
车辆识别码:_____。

3.检测点火模块各线电压:

分析图3-43捷达汽车点火系统模块共有匹根线,分别为_____,其中1#线为_____,3#线为_____。

拔下点火模块线束,打开点火开关,用万用表测量点火模块线束各线(表3-12)。

点火模块线束测量值(一) 表3-12

信 号	理论分析值	实际测量值
+B		
IGT1		
IGT2		
地线		

插上点火模块,启动发动机,用万用表测量各线电压(表3-13)。

点火模块线束测量值(二) 表3-13

信 号	理论分析值	实际测量值
+B		
IGT1		
IGT2		
地线		

根据你的测量结果进行分析,你能得出什么结论?

G28 是磁脉冲式曲轴位置传感器,波形如图 3-44 所示,G28 信号转子平均分为 60 份,有两个缺齿,共有 58 个齿,每转一周产生 58 个信号,每个波形表示 6°曲轴转角。而缺齿的地方会产生较高的脉冲电压,用于判断一缸和四缸上止点位置,ECU 可以根据该信号计算出每个汽缸的上止点。

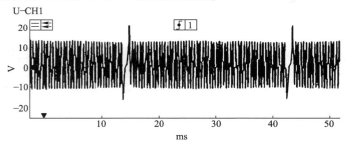

图 3-44　G28 传感器波形

G40 是触发叶片霍尔式传感器,波形如图 3-45 所示,G40 传感器只有一个 180°的触发叶片,用于判断一缸和四缸压缩上止点位置,实现点火正时与喷油正时精确控制。

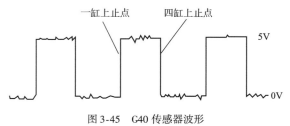

图 3-45　G40 传感器波形

发动机控制器 J220 接收到 G28 和 G40 信号,向点火器 N122 发送 IGT1 和 IGT2 信号(图 3-46),分别控制 N128 内两个大功率三极管导通或关闭,驱动点火

4．位置传感器作用试验:断开 G40 信号线,尝试启动发动机,会有什么事情发生?

□发动机成功启动　□不能启动

请解释原因:

断开 G28 信号线,尝试启动发动机,会有什么事情发生?

□发动机成功启动　□不能启动

请解释原因:

5．检测位置传感器波形:用示波器双通道模式检测 G28 和 G40 信号波形。

(1)按示波器使用手册接好示波器,双通道测试模式。

(2)启动并暖机。

(3)检测保存 G28 和 G40 信号波形图,并绘制出来,分析两个信号之间有什么关系?

线圈 N128 的两组线圈产生高压,完成对某缸点火。

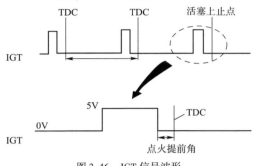

图 3-46 IGT 信号波形

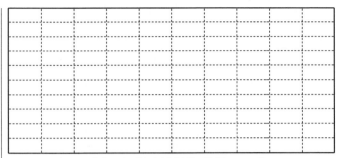

(4)通过分析波形图判断信号是否正常。

□信号正常　□信号不正常

任务 3.8　检修单缸独立点火系统

独立点火方式是指每缸火花塞配用一个点火线圈,单独对本缸进行点火。各缸点火线圈的初级绕组分别由点火器中的一个功率晶体管控制,整个点火系统的工作由 ECU 进行控制。独立点火无分电器式微机控制点火系统如图 3-47 所示。

下面以大众帕萨特 1.8T 发动机为例说明单独点火装置点火系统工作原理。控制电路如图 3-48 所示。

图 3-48 中 N1～N4 是独立点火单元,每个单元内有点火器、高能闭磁路点火线圈、火花塞组成。点火单元 1 号线是电源线、2 号线是搭铁线、3 号线是点火控制线,四号线是点火线圈接地线。

曲轴位置传感器电路如图 3-49 所示,G28 传感器是磁脉冲式传感器,波形如图 3-44 所示,可输出 Ne 和一缸、四缸上止点位置信号。G61 和 G66 是爆震传感器,用于点火系统的反馈控制。

实训 3.8　检修独立点火系统

1. 实训准备:大众帕萨特、卡罗拉等汽车、万用表、解码器。

2. 你所用的实训设备:

车型:＿＿＿＿＿＿＿＿＿＿＿＿＿＿＿＿;

发动机型号:＿＿＿＿＿＿＿＿＿＿＿＿＿;

车辆识别码:＿＿＿＿＿＿＿＿＿＿＿＿＿。

3. 实训流程。

情景设置:一辆卡罗拉汽车报修,车主反映汽车怠

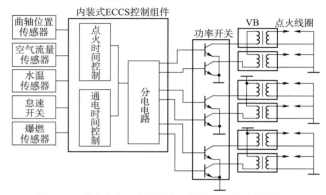

图 3-47 单独点火无分电器式电控单元点火系统方框图

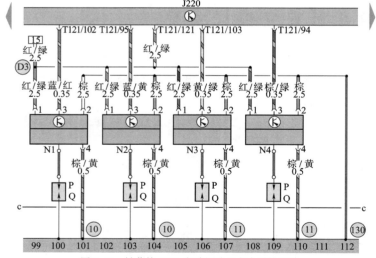

图 3-48 帕萨特 AWL 发动机独立点火系统电路

速发抖、动力不足,汽车故障灯点亮。

(1)故障灯点亮,说明汽车自诊断系统发现故障,首先读取故障码。

故障码为:_____。

所读的故障码有可能是以前的历史故障码,只可以做参考,因此要消除故障码后再重新读取正在发生的故障。

(2)检查发动机机油、冷却液、电瓶电压等,以确保启动后不会损坏发动机。

机油液面　　　　　　　　　正常□　不足□

冷却液面　　　　　　　　　正常□　不足□

检查电瓶电压　　　　　　　正常□　不足□

各线路连接情况　　　　　　正常□　不良□

如有液面不足添加后再启动汽车。

(3)启动发动机几分钟后,重新读取故障码。

故障码为:_____。

故障码解析:_____。

(4)由于点火系统有四个相同的点火控制单元,可以对调以确认是点火单元故障还是点火控制线路故障。

把拆出故障缸点火单元与相邻缸对调,把相关线路接好。

(5)清除故障码后,启动发动机,再次读取故障码,如还是原来的故障码,说明是:

_____。

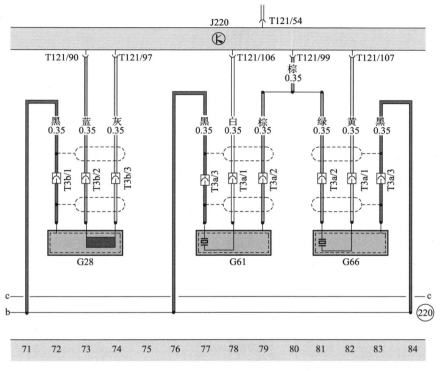

图3-49 G28、G61、G66电路

凸轮轴位置传感器G40可发出一缸和四缸上止点信号。G2为水温传感器，用于修正点火正时和喷油量。G62是水温表传感器（图3-51）。

发动机控制器J220接收到G28和G40信号，通过点火器3#线向点火单元N1~N4发送点火控制信号，驱动点火线圈产生高压，完成对某缸点火。

如变成相邻汽缸的故障码，说明是：_____。
实际读取的故障码为：_____
说明是属于_____故障。

（6）如确认需要检查线路，首先检查点火单元插头是否接触不良，测量插头电源线和搭铁线是否正常（图3-50）。

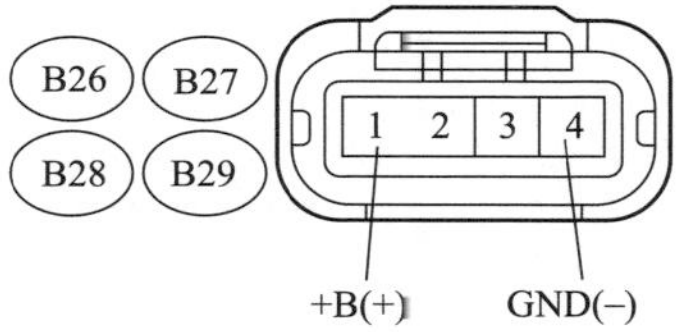

图3-50 检查点火单元插头

实际测量+B电压_____
GND对地电阻_____

（7）如上述检查正常，需进一步检查该缸的点火控制线与反馈线，需先拆除蓄电池负极，保护电子控制系统，再拆下ECU插头测量线路的导通情况。

拆下蓄电池负极　　　　　　是否完成 □
拆下ECU插头　　　　　　　是否完成 □
该缸IGT线电阻为_____
IGF线电阻为_____
综合判断该车故障为_____。
故障点是_____
如何修复_____。

（8）排除故障，装复所有配件，装上蓄电池负极线，检查所有线路安装情况，启动发动机，观察故障灯是否有报警，再次读取故障码，以验证故障是否完全排除。

故障灯： 点亮□ 没点亮□

故障码：_____。

4. 学习支持：丰田卡罗拉 1ZR 发动机独立点火系统（图 3-52）。

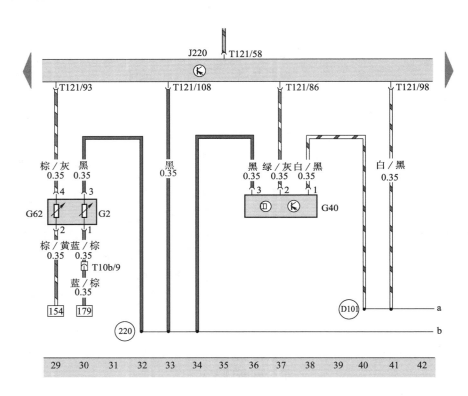

图 3-51　G40、G2、G62 电路

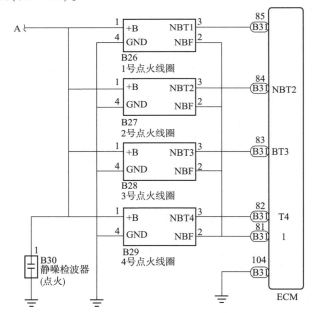

图 3-52　1ZR 发动机点火电路

卡罗拉汽车 1ZR 发动机点火系统与帕萨特 AWL 发动机的点火系统类似，区别是点火单元增加了 IGF 点火反馈信号，利于故障自诊断和燃油系统控制。

项目四
电控燃油喷射系统检修

 学习目标

1. 能在车上找出燃油喷射系统各部件,正确率达到80%;
2. 会检测空气流量计信号,能根据电路图检查线路故障,正确率达到80%;
3. 会检测进气歧管压力传感器信号,能根据电路图检查线路故障,正确率达到80%;
4. 会检测及判断节气门位置传感器故障,正确率达到95%;
5. 能独立完成温度传感器、氧传感器检查及更换作业。

任务 4.1　认识电控燃油喷射系统

● 电控燃油喷射系统的作用

电控燃油喷射系统 EFI(Electronic Fule Injection)，目的是解决可燃混合气的分配和燃油雾化等问题，并精确准时地供给发动机工作时所需的最佳混合气。其中，喷油量控制是基本的也是最重要的控制内容。

● 电控燃油喷射系统的组成

电控燃油喷射系统主要由空气流量计、进气歧管压力传感器、曲轴位置传感器、节气门位置传感器、水温传感器、进气温度传感器、氧传感器以及 ECU 和喷油器组成。以理论目标燃比(14.7:1)控制为基础，ECU 根据空气流量计信号与发动机转速信号为主控信号，确定每一循环的基本喷油量；根据冷却液温度、进气温度、TPS 信号、电瓶电压等信号修正喷油量；根据氧传感器的反馈信号纠正喷油量，计算出最佳的喷油时间，通过喷油器控制喷油量。

在启动工况时，主要由启动信号和水温信号确定启动喷油量。控制系统如图 4-1 所示。

实训 4.1　认识电控燃油控制系统

1. 实训准备：丰田、本田或大众汽车
2. 你所用的实训设备：
车型：_____；
发动机型号：_____；
车辆识别码：_____。
3. 在车上找出与图 4-2 相应的部件并打√。

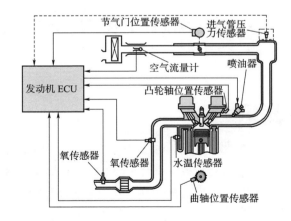

图 4-2　电控燃油喷射系统

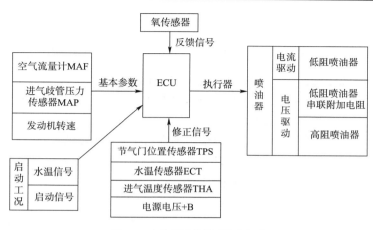

图 4-1 电控燃油控制系统的组成

三、电控燃油喷射系统的分类

1 按喷油器安装部位分类

(1)单点汽油喷射系统。在节流阀体上安装一只或两只喷油器,向进气歧管中喷油形成可燃混合气。如通用公司 TBI 系统、福特公司 CFI 系统。

(2)多点汽油喷射系统。在每一个汽缸的进气门前均安装一只喷油器。

2 按喷油方式分类

(1)连续喷射系统。多用于机械式或机电结合式汽油喷射系统中,在发动机运转时连续不断地喷射。

4.观察两个以上的汽车车型燃油喷射系统,作必要的测量和试验(表 4-1),分类汽车燃油喷射系统,在相应项目打√。

汽车燃油喷射系统试验表　　表 4-1

分类项目		车型1	车型2
具体汽车型号			
按安装部位分	单点喷射		
	多点喷射		
按喷油方式分	连续喷射		
	间歇喷射		
按喷射时序分类	同时喷射		
	分组喷射		
	顺序喷射		
控喷射位置分	缸外喷射		
	缸内喷射		

5.请选择其中一辆汽车,按表 4-1 项目丞个述说你是如何判断其分类的。

(2)间歇喷射系统。广泛应用于现代电控汽油喷射系统中。

3 按喷射时序分类

(1)同时喷射。发动机工作时,各喷油器同开同闭,由同一喷油指令控制(图4-3)。

(2)分组喷射。将喷油器分成两组交替喷射,ECU发出两组指令,每路指令控制一组喷油器(图4-4)。

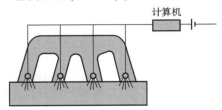

图4-3 同时喷射

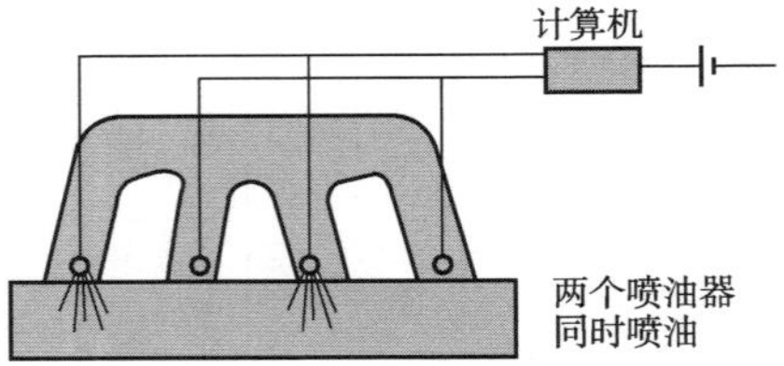

图4-4 分组喷射

(3)顺序喷射。喷油器按发动机各缸进气行程的顺序轮流喷射,它具有喷油正时,由曲轴位置传感器提供信号辨别各缸的进气行程,适时发出各缸的喷油脉冲信号从而实现次序喷射(图4-5)。

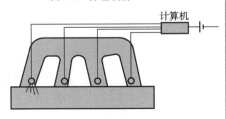

图4-5 顺序喷射

4 控喷射位置分类

(1)缸外喷射。目前普遍采用的喷射方式,喷射压力在0.3~0.5MPa,燃油喷射在进气道内。

(2)缸内喷射(图4-6)。该喷射方式将汽油直接喷射到汽缸内,喷射压力达

6. 判断顺序喷射或分组喷射的方法。

分析图4-3和图4-4,参考图2-20和图2-21,关闭点火开关,拔下一个喷油器接头,再打开点火开关,测量喷油器接头两端子的电压。

如一个端子有12V电压,另一个端子电压为0V,说明是_____。

如两个端子都有12V电压,说明是_____。

如只要有任意一缸喷油器在线,这两个端子就有12V电压,说明是_____。

7. 知识拓展:缸内直喷式汽油机系统。

缸内直喷式汽油机系统,简称GDI(Gasoline Direct Injection)。由于改变了油气混合机理,采用稀薄分层燃烧技术,有效降低HC等排放,降低油耗,提高功率,在国外得到了广泛的应用。目前欧美新车普遍采用了缸内喷射系统。典型系统有大众FSI技术、梅赛德斯—奔驰CGI技术、宝马GDI技术、通用SIDI技术,还有丰田的D-4和三菱4G系统等。

大众FSI稀薄燃烧系统:FSI是Fuel Stratified Injection的词头缩写,直接翻译为燃油分层喷射,也可以说是缸内直接喷射。该技术的运用使FSI发动机与传统发动机相比拥有更低的油耗、更好的环保和更大的输出功率和扭力。燃油分层喷射技术是发动机稀薄燃烧技术的一种,汽油与空气之比可达1:25以上。目前,该

3～13MPa,采用了两次喷射、稀薄分层燃烧等多项新技术,改善排放、提高功率,是目前汽车发展的方向。

图4-6 缸内喷射

技术已应用到一汽大众奥迪、迈腾等多款车型上。

大众FSI发动机利用一个高压泵,使汽油通过一个分流轨道(共轨)到达电磁控制的高压喷射气门。它的特点是在进气道中产生可变涡流,使进气流形成最佳的涡流形态进入燃烧室内,以分层填充的方式推动,使混合气体集中在位于燃烧室中央的火花塞周围。如果稀燃技术的混合比达到25:1以上,按照常规是无法点燃的,因此必须采用由浓至稀的分层燃烧方式。通过缸内空气的运动在火花塞周围形成易于点火的浓混合气,混合比达到12:1左右,外层逐渐稀薄。浓混合气点燃后,燃烧迅速波及外层。

任务4.2 检测体积型空气流量计

空气流量计的作用是测量发动机吸入的空气量,输入ECU与发动机转速一起计算出基本喷油时间(除冷启动工况外)。目前在用空气流量计根据检测原理不同可分为翼片式、卡门旋涡式、热线式、热膜式。翼片式和卡门旋涡式属体积流量型流量计;热线式、热膜式属质量流量型流量计。

翼片式流量计由于进气阻力大,测量精度较低,近年不再使用,在此不做介绍。

一、卡门旋涡式空气流量计

流体绕过非流线形物体时,物体尾流左右两侧产生的成对的、交替排列的、旋转方向相反的反对称涡旋。这种涡流称为卡门涡旋,如图4-7所示。

实训4.2 检测卡门旋涡式空气流量计

一、检测LS400卡门旋涡式空气流量计

1. 实训准备:LS00汽车、万用表、解码器、示波器、通用工具。

2. 你所用的实训设备:

车型:_____;

发动机型号:_____;

1911年,德国科学家T. von卡门从空气动力学的观点找到了这种涡旋稳定性的理论根据。对圆柱绕流,涡旋的每个单涡的频率f与绕流速度v成正比,与圆柱体直径d成反比,即$f=0.2v/d$。

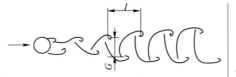

图4-7 卡门旋涡

只要能够测得卡门涡旋发生的频率,就能计算空气流动速度,将空气通道的面积与空气流速相乘即可知空气的体积流量。汽车工业上一般利用反光镜振动检测卡门涡旋发生的频率和超声波检测频率两种方式。

二 光学卡门旋涡式空气流量计

光学卡门旋涡式空气流量计安装在早期的凌志汽车上。

1 光学卡门旋涡式空气流量计结构

光学卡门旋涡式空气流量计由发光二极管、光电三极管、反光镜、涡流发生器、导压孔、频率接收处理电路等组成,如图4-8所示。

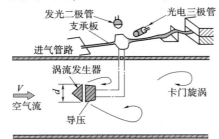

图4-8 卡门旋涡式空气流量计结构

车辆识别码:_____。

3.1UZ-FE发动机空气流量计检测。

(1)电阻测量:空气流量传感器可以测量进气温度传感器的电阻,这是一个半导体热敏电阻,当温度升高时,电阻变小。

测量结果填入表4-2。

测量结果　　　　　　　　表4-2

进气温度	电阻值	结论
20℃		
40℃		
60℃		

(2)拔下流量计,打开点火开关,测量线速插头电压。

标注各脚名称与电压值(LS400发动机):

判断以上检测结果是否与理论分析相符。

□是　□否

(3)空气流量传感器在线时的电压测量。

标注各脚名称与电压值(LS400发动机):

工作原理:当空气流经过涡流发生器时,产生卡门旋涡,空气压力周期性发生变化,经压力导向孔作用在反光镜上,使反光镜发生振动,其振动频率与涡流发生的频率相等,而涡流发生频率与空气流速成正比;反光镜再把发光二极管投射的光反射给光电晶体管,通过光电晶体管检测涡流发生的频率,并向 ECU 输送信号,ECU 根据此信号确定发动机的进气量。

2 LS400 汽车 1UZ-FE 发动机空气流量计电路原理图

空气流量计的 VC 线是 5V 电源,KS 是流量计信号线,E1 线是搭铁线,THA 线是进气温度传感器信号线,E2 是进气温度传感器搭铁线,如图 4-9 所示。

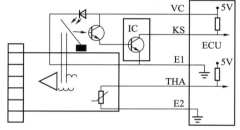

图 4-9　1UZ-FE 发动机空气流量计电路

空气流量计信号 KS 的电压是随着卡门涡旋频率变化的频率信号,如图 4-10 所示,急速时频率 46.5Hz,幅值 5V。随进气量增加,频率增高,2000r/min 时大约 100Hz。万用表测量 KS 电压 2~4V。

图 4-10　卡门涡旋空气流量计信号

判断以上检测结果是否与理论分析相符。
　　　　□是　　□否

(4)信号波形测量:
①急速时 MAF 信号波形、频率:

②2000r/min 时 MAF 信号波形、频率:

(5)传感器的信号数据流测量:
①急速时进气量:_____;
进气温度:_____。

②2000r/min 时进气量:_____;
进气温度:_____。

项目四 电控燃油喷射系统检修

三、超声波卡门旋涡式空气流量计

超声波卡门旋涡式空气流量计安装在早期三菱汽车上。下面以三菱帕杰罗 6G72 发动机超声波卡门旋涡式空气流量计为例进行介绍。

1 超声波卡门旋涡式空气流量计结构

超声波卡门旋涡式空气流量计由超声波信号发生器、超声波发射探头、涡流稳定板、涡流发生器、整流器、超声波接收探头和转换电路等组成,如图 4-11 所示。

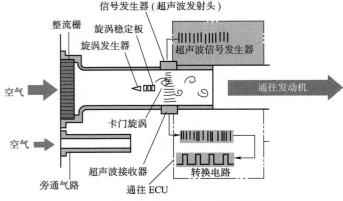

图 4-11 超声波卡门旋涡式空气流量计结构及原理

工作原理:发动机工作时,空气流经涡流发生器,在其后部的超声波发射头与超声波接受器之间产生有规律的卡门旋涡。因卡门旋涡对空气密度的影响,会使声波从信号发生器到接受器的时间产生速度差。转换电路对此相位信号进行处理,就可得到与涡流发生的频率成正比的脉冲信号,即代表空气体积流量的电信号。

二、帕杰罗汽车 6G72 发动机空气流量计检测

1. 实训准备:帕杰罗汽车、万用表、解码器、示波器、通用工具。

2. 空气流量传感器测量:

(1)电阻测量:空气流量传感器可以测量进气温度传感器的电阻,这是一个半导体热敏电阻,当温度升高时,电阻变小。

测量结果填入表 4-3。

测 量 结 果   表 4-3

进气温度	电 阻 值	结 论
20℃		
40℃		
60℃		

(2)拔下流量计,打开点火开关,测量线速插头电压。

标注各脚名称与电压值(6G72 发动机):

判断以上检测结果是否与理论分析相符。

□是　□否

(3)空气流量传感器在线时的电压测量。

标注各脚名称与电压值(6G72 发动机):

2 超声波卡门旋涡式空气流量计电路原理

三菱帕杰罗 6G72 发动机超声波卡门旋涡式空气流量计电路原理,如图 4-12 所示。

传感器 4#线是 12V 电源线,3#线是信号线,7#线是电源反馈线,发动机自诊断用。1#线是大气压力传感器 5V 电源,2#线是大气压力传感器信号,3#线是传感器接地,6#线是进气温度传感器信号线。

空气流量计信号 KS 是随着卡门涡旋频率变化的频率信号,怠速时频率 25 ~ 45Hz,幅值 5V。随进气量增加,频率增高,2000r/min 时为 70 ~ 90Hz,高速空转可达 125 ~ 150 Hz。

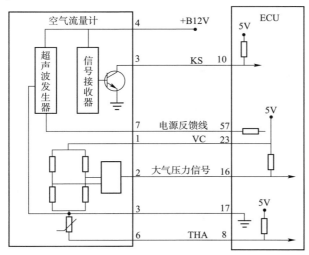

图 4-12 超声波卡门旋涡式空气流量计电路

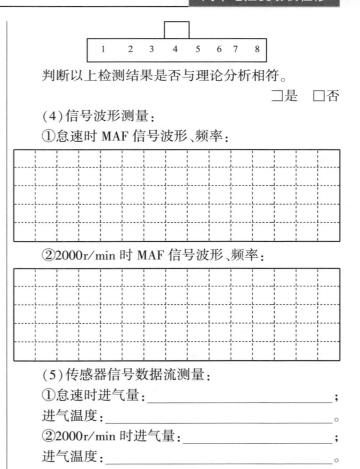

判断以上检测结果是否与理论分析相符。

　　　　　□是　□否

（4）信号波形测量:
① 怠速时 MAF 信号波形、频率:

② 2000r/min 时 MAF 信号波形、频率:

（5）传感器信号数据流测量:
① 怠速时进气量:＿＿＿＿＿＿＿＿;
进气温度:＿＿＿＿＿＿＿＿。
② 2000r/min 时进气量:＿＿＿＿＿＿＿＿;
进气温度:＿＿＿＿＿＿＿＿。

任务 4.3 检测热式空气流量计

热式空气流量计的主要元件是热线电阻,可分为热线式和热膜式两种类型,其结构和工作原理基本相同。热式空气流量计属于质量流量型传感器(Mass Air Flow),简称 MAF,可直接测出流通空气的质量。

一 热线式空气流量计的基本结构

热线式空气流量计的基本结构如图 4-13 所示,主要由防护网、采样管、热线电阻、温度补偿电阻、控制电路板和线束连接器等组成。而根据白金热线在壳体内安装位置不同,可分为主流测量方式和旁通测量方式两种结构形式。

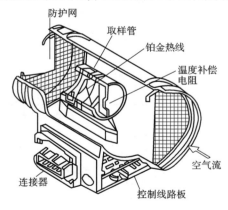

图 4-13 热线式空气流量计的基本结构

实训 4.3 热式空气流量计检测

1. 实训准备:帕萨特或桑塔纳汽车、丰田卡罗拉、别克汽车、万用表、解码器、示波器。

2. 你所用的实训设备:
车型:_____;
发动机型号:_____;
车辆识别码:_____。

3. 热式空气流量计检测:

(1)画出你所使用的实训设备热线热膜式空气流量计的电路简图,并按要求标出所有端子的编号与所有线的名称。

(2)检查空气流量计电源电路。
拔下流量计,打开点火开关,测量线束插头电压。
标注各脚名称与电压值:_____。

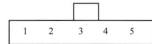

二、热线式空气流量计的基本原理

工作原理如图 4-14 所示,安装在控制电路板上的精密电阻 R_A 和 R_B 与热线电阻 R_H 和温度补偿电阻 R_K 组成惠斯登电桥电路。当热线电阻 R_H 比 R_K 电阻温度高 100℃时,电桥正好平衡,A 点与 B 点的电压相等。当空气流经 R_H 时,使热线冷却,电阻减小,使电桥失去平衡,若要保持电桥平衡,就必须使流经热线电阻的电流增大,以恢复其温度与阻值,精密电阻 R_A 两端的电压也相应变化,该电压信号作为热式空气流量计输出的电压信号送往 ECU,即可确定进气量。

当空气质量增大时,由于空气带走的热量增多,为保持热线温度,集成电路使热线 R_H 通过的电流增大;反之,则减小。与 R_H 串联的 R_A 两端电压随空气流量增加而升高,随流量减少而降低。

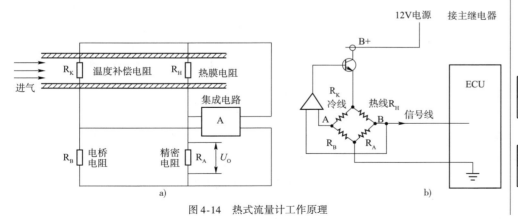

图 4-14 热式流量计工作原理

判断以上检测结果是否与理论分析相符:
☐是 ☐否

(3) 检查空气流量计 VG 信号线电压。

通过专用连接线把传感器电源端子接蓄电池正极,拱铁端子接负极,用万用表测量信号线端子与负极之间电压。

电压值为:_____;
用吹气时的电压值:_____。
判断以上检测结果是否与理论分析相符。
☐是 ☐否

4. 解码器数据流检测与故障码检测。

(1) 静态数据流:
①将诊断仪连接到诊断座。
②将点火开关打开,不启动发动机。
③选择 MAF 数据流。
④等待 30s,然后读取诊断仪的值。

检测仪显示	标准数据
MAF	低于 0.23g/s

如果不符规定,则更换 MAF 计。实测数据为:

检测仪显示	标准数据

以上检测结果是否正常? ☐是 ☐否

三、热膜式空气流量计

热膜式空气流量传感器的结构如图 4-15 所示,它是热线式空气流量传感器的改进产品,其结构与热线式基本相同,只是它的发热体是热膜而不是热线,热膜由发热金属铂固定在树脂薄膜上制成。这种结构使发热体不直接承受空气流动所产生的作用力,增加了发热体的强度,提高了流量计的可靠性。

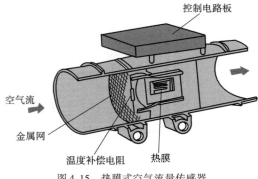

图 4-15 热膜式空气流量传感器

四、热式空气流量计检测

下面以丰田 COROLLA 汽车 1ZR 发动机空气流量计为例,说明热式流量计检测方法。

1. 万用表电压检测

丰田 COROLLA 1.6AT 轿车采用热膜式空气流量计,按照维修手册要求,元件

(2)动态数据流:

启动发动机,读取怠速数据流,数据流显示怠速时 MAF 流量为_____,加油时流量_____。

以上检测结果是否正常?   □是   □否

备注:一般汽车怠速时空气流量为 2~5g/s。

断开空气流量计接头,读取故障码,故障码编号为_____。

故障码解读是什么故障?

5. 学习支持:

(1)卡罗拉空气流量计局部电路(图 4-16)。

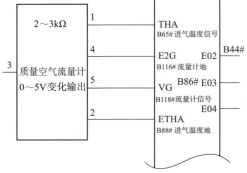

图 4-16 卡罗拉空气流量计局部电路

其中:1 号脚是进气温度传感器信号线;

2 号脚是进气温度传感器信地线;

3 号脚是 12V 电源;

4 号脚是流量计地线;

检测分两步进行。

（1）检查空气流量计电源电路。

如图4-17所示，我们知道流量计3#端子是12V电源，4#端子是传感器接地，5#端子VG线是信号线。如检测3#端子与搭铁间电压为12V，4#端子与搭铁间电阻为0Ω，说明空气流量计电源电路正常。

（2）帕萨特1.8空气流量计电路（与桑塔纳电路一致）（图4-19）。

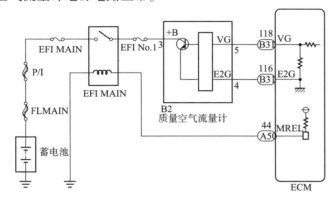

图4-17 1ZR发动机空气流量计电路

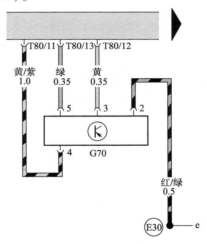

图4-19 帕萨特1.8空气流量计电路

（2）检查空气流量计VG信号线电压。如图4-18所示，通过专用连接线把3#端子接蓄电池正极，4#端子接负极，用万用表测量5#端子信号线与负极之间电压，正常值在0.2～4.9V之间，当对传感器吹气时，电压会上升到2V左右。

其中：2号脚是12V电源；
3号脚是搭铁线、地线；
4号脚是5V标准参考电压；
5号脚是信号线。

（3）别克3.0发动机空气流量计电路（图4-20）。

其中：A线是信号线；
B线是搭铁线；
C线是12V电源。

2 解码器数据流检测与故障码检测

MAF正常值为1.0～270g/s。低于1.0g/s或高过270g/s就说明有故障。

启动发动机，怠速时读取数据流，数据流显示怠速时MAF流量为3.5g/s，加油时流量增大。

69

空气流量计故障码为 P0100、P0102、P0203 等。具体按维修手册操作。

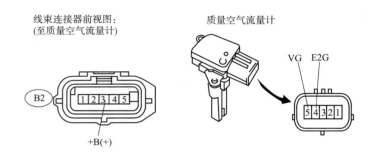

图 4-18 空气流量计接头

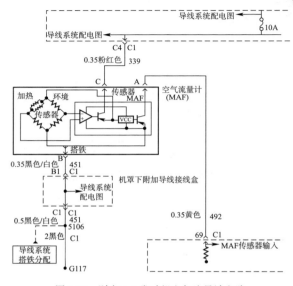

图 4-20 别克 3.0 发动机空气流量计电路

任务 4.4 检测进气歧管绝对压力传感器

进气歧管绝对压力传感器（Manifold Absolute Pressure Sensor），简称 MAP，用来测量进气管内气体的绝对压力（等于大气压力与真空度的差值），并将信号输入 ECU，作为燃油喷射控制和点火控制的主控制信号。进气歧管绝对压力传感器的种类较多，按其检测原理可分为压敏电阻式、电容式、膜盒式等，但目前应用最广泛的是压敏电阻式和电容式。

实训 4.4 检测进气歧管绝对压力传感器

一、压敏电阻式进气歧管压力传感器检测

1. 实训准备：丰田汽车、本田汽车、别克汽车、大众汽车、福特汽车、万用表、解码器、示波器。

一、压敏电阻式进气歧管绝对压力传感器

压敏电阻式进气歧管绝对压力传感器主要由绝对真空室、硅片和 IC 放大电路组成,如图 4-21 所示。

硅片的一侧是绝对真空室,而另一侧承受进气管内的压力,在此压力作用下使硅片产生变形,如图 4-22 所示。

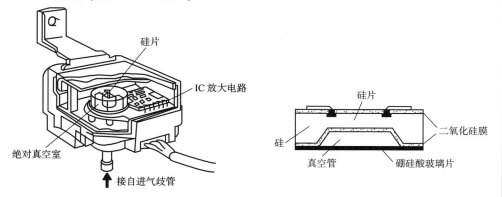

图 4-21 压敏电阻式进气歧管绝对压力传感器　　图 4-22 硅片在压力作用下变形

由于绝对真空室的压力是固定的(绝对压力为 0),进气管绝对压力变化时,硅片的变形量不同;硅片是一个压力转换元件(压敏电阻),其电阻值随其变形量而变化,导致硅片所处的电桥电路输出电压发生变化,电桥电路输出的电压(很小)经 IC 放大电路放大后输送给 ECU,如图 4-23 所示。

ECU 通过 VCC 端子给传感器提供标准的 5V 电压,传感器信号经 PIM 端子输送给 ECU,E2 为搭铁端子。传感器信号电压与进气歧管绝对压力关系如图 4-24

2. 你所用的实训设备:
车型:_____;
发动机型号:_____;
车辆识别码:_____。

3. 压敏电阻式进气歧管压力传感器检测

(1)根据实训设备,画出 MAP 的电路简图。要求标出所有端子的编号与所有线的名称。

(2)拔下 MAP 插头,打开点火开关,测量线束插头电压值(表 4-4)。

线束插头电压值　　表 4-4

端子名称			
电压值			

通过以上检测判断所测的 MAP 线束是否正常。
　　　　　　　　□是　□否

(3)KEY ON 时,测量 MAP 在线时各插脚电压值(表 4-5)。

各插脚电压值　　表 4-5

端子名称			
电压值			

所示。进气歧管压力升高,电压增大,在一个大气压(发动机没启动)时 PIM 电压为 3.6V,发动机怠速进气歧管压力在 30～45kPa(真空度是 55～70kPa)时,PIM 电压为 1.0～1.4V。

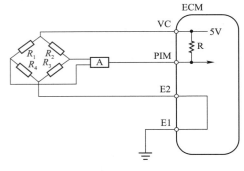

图 4-23　进气歧管绝对压力传感器与电脑连接电路

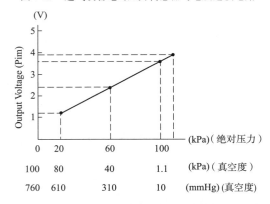

图 4-24　进气歧管压力传感器电压与歧管真空度关系

(4)用真空枪抽吸,测量信号电压与真空度之间的关系(表 4-6)。

信号电压与真空度　　　表 4-6

真 空 度					
绝对压力					
信 号 电 压					

(5)根据表 4-6 数据制作信号电压与绝对压力坐标图。

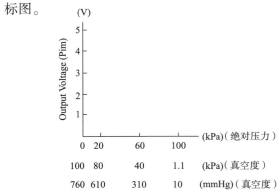

(6)MAP 信号波形测量。

①怠速时 MAP 信号波形:

对压敏电阻式进气歧管绝对压力传感器的检测内容和方法如下。

电压检测：点火开关置于"OFF"位置，拆开进气歧管绝对压力传感器的线束插接器，然后将点火开关置于"ON"位置（不启动发动机），在线束侧用万用表电压挡测量线束插接器电源端子 VCC 和搭铁端子 E2 之间的电压，其电压值应为 4.5～5.5V；PIM 和搭铁端子 E2 之间的电压，其电压值也为 4.5～5.5V。

输出信号电压检测：插上传感器接头，将点火开关置于"ON"位置（不启动发动机），测量 PIM 和搭铁端子 E2 之间的电压。丰田、大众、通用等车系电压为 3.6V，本田汽车为 3.2V。

拆下连接进气歧管绝对压力传感器与进气歧管的真空软管，然后用真空泵向进气歧管绝对压力传感器内施加真空，同时用万用表电压挡测量端子 PIM 与 E2 之间的传感器输出信号电压，标准输出信号电压值如表 4-7 所示。如检测结果不符合标准，应更换进气歧管绝对压力传感器。

进气歧管绝对压力传感器信号电压标准 表 4-7

绝对压力（kPa）	13.3	26.7	40.0	53.5	66.7	101.5
真空度（kPa）	88.2	74.8	61.5	48.0	34.8	0
真空度（mmHg）	660	560	460	360	260	0
电压值（V）	0.3～0.5	0.7～0.9	1.1～1.3	1.5～1.7	1.9～2.1	3.4～3.6

■ 电容式进气歧管绝对压力传感器

电容式进气管绝对压力传感器利用电容效应检测进气管绝对压力。位于传感器壳体内腔的弹性膜片用金属制成，弹性膜片上、下两个凹玻璃的表面也均有金属涂层，这样在弹性膜片与两个金属涂层之间形成两个串联的电容，如图 4-25 所示。

根据所测波形判断的 MAP 是否正常。

☐ 是　☐ 否

②加减速时 MAP 信号波形：

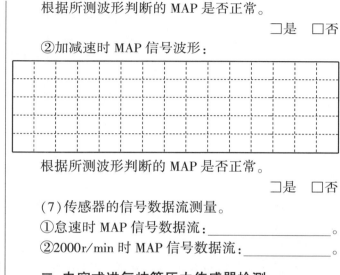

根据所测波形判断的 MAP 是否正常。

☐ 是　☐ 否

(7) 传感器的信号数据流测量。

①怠速时 MAP 信号数据流：＿＿＿＿＿＿。

②2000r/min 时 MAP 信号数据流：＿＿＿＿＿＿。

二、电容式进气歧管压力传感器检测

1. 根据实训设备，画出福特汽车 MAP 的电路简图。要求标出所有端子的编号与所有线的名称。

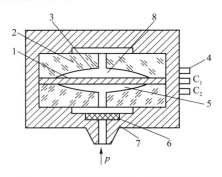

图 4-25　电容式进气管绝对压力传感器

1-弹性膜片；2-凹玻璃；3-金属涂层；4-输出端子；5-空腔；6-滤网；7-壳体；8-真空室

发动机工作时，进气管内的空气压力作用于弹性氧化铝膜片上，使氧化铝膜片产生位移，上、下两个涂层厚膜电极之间的距离发生变化，导致由两个厚膜电极形成的电容也产生相应的变化，电容的变化量与进气管内空气的绝对压力成正比，电容的变化量可经过测量电路（电容电桥电路和谐振电路等）转换成频率信号，ECU 则根据传感器输出的频率信号确定进气管绝对压力。工作电路如图 4-26 所示。

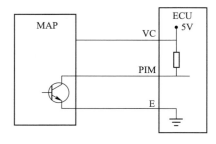

图 4-26　电容式进气歧管压力传感器电路

2. 拔下 MAP 插头，打开点火开关，测量线束插头电压值（表 4-8）。

线束插头电压值　　　　　表 4-8

端子名称				
电 压 值				

通过以上检测判断所测的 MAP 线束是否正常。

　　□是　　□否

3. KEY ON 时，测量 MAP 在线时各插脚电压值（表 4-9）。

插　脚　电　压　值　　　　　表 4-9

端子名称				
电 压 值				

4. 用真空枪抽吸，使用示波仪测量信号频率与真空度之间的关系（表 4-10）。

信号频率与真空度　　　　　表 4-10

真 空 度				
绝对压力				
信 号 频 率				

5. 根据表 4-10 数据制作信号频率与绝对压力坐标图。

电容式进气歧管压力传感器输出频率信号。打开点火开关,但不启动发动机,用手动真空泵给进气歧管绝对压力传感器施加不同的真空度,同时用示波器测量传感器输出波形。波形的幅值应该是满5V的脉冲,频率与对应的真空度应符合标准,如表4-11所示。

进气歧管绝对压力传感器输出信号频率标准(福特汽车)　　表4-11

真空度(kPa)	0	10.2	20.3	30.5	40.7	50.8
真空度(inHg)	0	3	6	9	12	15
信号频率(Hz)	159	150	141	133	125	117
真空度(kPa)	61	71.1	81.3	91.5	101.5	
真空度(inHg)	18	21	24	27	30	
信号频率(Hz)	109	102	95	88	80	

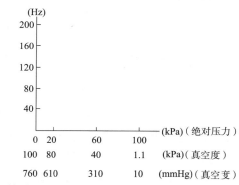

6.传感器的信号数据流测量。

(1)急速时MAP信号数据流:

(2)2000r/min时MAP信号数据流:

任务4.5　检测节气门位置传感器

在汽油发动机上,通常用节气门来控制发动机的负荷(即进气量)。节气门位置传感器(Throttle Position Sensor)简称TPS,是用来检测节气门开度及开度变化的传感器。发动机工作时,ECU主要根据节气门位置传感器信号判断发动机负荷的大小及变化情况,以便根据发动机负荷的大小及变化情况进行燃油喷射控制及其他辅助控制(如EGR、开闭环控制等)。节气门位置传感器安装在节气门体上,由节气门轴驱动,可分为线性可变电阻型、开关量输出型、线性非接触型节气门位置

实训4.5　检测节气门位置传感器

1.实训准备:丰田汽车、本田汽车、别克汽车、万用表、解码器、示波器。

2.你所用的实训设备:

车型:＿＿＿＿＿＿＿＿＿＿＿＿＿;

传感器三种。

一 线性可变电阻型节气门位置传感器

线性可变电阻型节气门位置传感器本身是一种电位计,如图 4-27 所示。它有两个同节气门轴联动的可动电刷触点:一个触点可在位于基板处的电阻体上滑动,滑动触点由节气门轴带动,在不同的节气门开度下,电位计的电阻也不同,利用变化的电阻值,测得与节气门开度相对应的线性输出电压,即可得到节气门的开度;为了能够准确检测节气门的全关闭状态,还设有一个怠速触点,它只在节气门全关闭状态时才被接通。

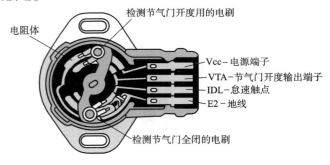

图 4-27 线性可变电阻型节气门位置传感器

通过线性节气门位置传感器,ECU 可以获得节气门由全闭到全开的所有开启角度的连续变化的模拟信号,以及节气门开度的变化速率,从而更精确地判定发动机的运行工况。

线性节气门位置传感器与 ECU 连接方式如图 4-29 所示。线性节气门位置传感器的输出特性如图 4-30 所示,节气门开度与输出电压成正比。节气门关闭时,

发动机型号:＿＿＿＿＿＿＿＿＿＿＿＿＿；
车辆识别码:＿＿＿＿＿＿＿＿＿＿＿＿＿。

3．节气门位置传感器检测:

(1)根据实训设备,画出 TPS 的电路简图。要求标出所有端子的编号与所有线的名称。

(2)根据电路图,通过测量判断 TPS(图 4-28)各线名称。

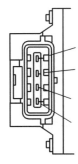

图 4-28 TPS

(3)检测 TPS 各线电阻。

测量节气门全关、50% 开度、全开时,检测下列各插脚之间电阻并完成表 4-12。

VTA 输出电压=0.5V;节气门全开时,VTA 输出电压>4.5V;节气门关闭或≤3°时,IDL 电压为 0V;节气门>3°时,IDL 电压为 12V。

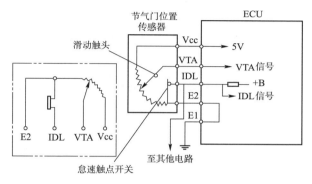

图 4-29 线性节气门位置传感器电路

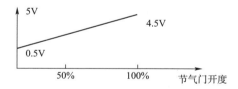

图 4-30 线性节气门位置传感器信号特征

开关量输出型节气门位置传感器

开关式节气门位置传感器的结构,如图 4-31 所示。它有一个可动电刷触点沿导向凸轮沟槽移动,导向凸轮由固定在节气门轴上的控制杆驱动,而功率触点 PSW

各插脚之间的电阻值　　　　表 4-12

端　子	节气门全关	50% 开度	节气门全开
VC – E2			
VTA – E2			
IDL – E2			

通过以上检测判断所测的 TPS 是否正常。

□是　□否

(4) 拔下 TPS 插头,打开点火开关,测量线束插头电压值(表 4-13)。

线束插头电压值　　　　表 4-13

端子名称			
电压值(V)			

(5) 接好 TPS,打开点火开关,测量 TPS 各线在节气门全关、50% 开度、全开时各插脚电压值(表 4-14)。

各插脚电压值　　　　表 4-14

端　子	节气门全关	50% 开度	节气门全开
VC			
VTA			
IDL			
E2			

根据所测数据总结节气门位置传感器电阻与电压变化的规律是什么样的?

和急速触点 IDL 固定不动。其基本原理是：节气门全关闭时，可动触点和急速触点 IDL 接触，此时，IDL 输出为高电平。节气门开度较大（如 50% 以上）时，可动触点和功率触点接触 PSW 输出为高电平，检测节气门的大开度状态。

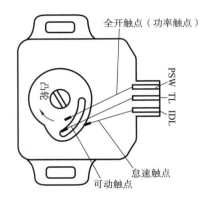

图 4-31 开关式节气门位置传感器

(6) TPS 传感器的信号波形测量。

根据所测波形判断的 TPS 是否正常：

     □是 □否

(7) TPS 传感器的信号数据流测量。

打开点火开关，不用启动发动机，使用故障诊断仪数据流功能测量。

急速时节气门开度：

加油踏板踩到底时节气门开度：

任务 4.6　检测电子节气门

电子节气门（Electronic Power Control）简称 EPC 系统，已经广泛地应用在轿车上。国际上最大的电子节气门系统供应商为博世集团（BOSCH）。

EPC 系统节气门在整个开度范围内都由一个直流电动机驱动，电动机可以独立于节气门位置而调节其位置，这样就可以对发动机电子控制进行最优化的匹配。

实训 4.6　检测电子节气门系统

1. 实训准备：丰田卡罗拉汽车、万用表、解码器、示波器。

2. 你所用的实训设备：

线性可变电阻型电子节气门

大众汽车电子节气门控制系统使用线性可变电阻型节气门位置传感器,如图4-32所示。

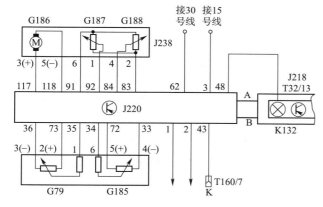

图4-32 大众汽车电子节气门控制系统

J238-电子节气门;G79-加速踏板位置传感器1;G185-加速踏板位置传感器2;G186-节气门定位电机;G187-节气门角度传感器1;G188-节气门角度传感器2;J220-发动机控制电脑;A-CAN+;B-CAN-;K132-EPC警告灯

1 加速踏板模块

加速踏板模块将踏板位置信号和变化速率信号传递给控制单元。踏板位置传感器(Accelerator Position)由两个滑动电阻传感器G79和G185组成,安装在同一根轴上,两个信号值正好相反。两个信号互相监测并确保信号的正确性。当一个传感器损坏,系统监测到还有一个加速踏板位置信号时,进入怠速运转,关闭舒适

车型:_____;
发动机型号:_____;
车辆识别码:_____。

3.电子节气门传感器检测:

情景导入:一辆丰田一汽卡罗拉在行驶时驾驶员发现汽车发动机故障灯点亮,加速不起来,只好把车慢慢开到丰田一汽服务站。

丰田一汽服务站安排你修理,你如何处理?

(1)故障灯点亮,说明汽车自诊断系统发现故障,首先读取故障码。

故障码为:_____。

所读的故障码有可能是以前的历史故障码,只可以做参考,因此要消除故障码后再重新读取正在发生的故障。

(2)检查发动机机油、冷却液、蓄电池电压等,以确保启动后不会损坏发动机。

机油液面	正常□	不足□
冷却液面	正常□	不足□
检查蓄电池电压	正常□	不足□
各线路连接情况	正常□	不良□

如有液面不足,则添加后再启动汽车。

(3)启动发动机几分钟后,重新读取故障码。

故障码为:_____。

系统,点亮电子节气门 EPC 灯 K132,存储故障码。如果两个传感器同时出现故障,发动机转速将控制在 1500~4000r/min,踩加速踏板无反应,车速最高只能达到 56km/h;如果踩制动踏板,转速会降到怠速,EPC 灯亮,存储故障码。

2 节气门控制模块

节气门控制模块主要由节气门位置传感器和节气门定位电动机等组成,如图 4-33 所示。节气门位置传感器用来反馈节气门开度大小和速率。为了精确和可靠,使用两个滑动触点电位计 G187 和 G188,两者输出的电压信号也是反向变化,当一个电位计失效时,还有一个电位计可以提供信号,还可以进行合理性检查,如图 4-34 所示。

故障码解析:_____
_____。

(4)根据故障码提示,检测 Throttle Position Sensor 1 和 Throttle Position Sensor 2 的数据流(表 4-15)。

数 据 记 录 表　　　表 4-15

	松开加速踏板时	踩下加速踏板时
TPS1		
TPS2		

对照电路图 4-37 和图 4-38 卡罗拉节气门位置传感器输出特性,分析上述所测数据,怀疑故障为:_____
_____。

(5)检查线束和连接器。

断开 ECM 连接器、断开节气门接器、测量线束电阻。

对照节气门连接器 B25、ECM 连接器 B31 示意图(图 4-35)和电路图 4-37,测量 B25 连接器至 B31 连接器之间线路的电阻,将结果填入表 4-16。

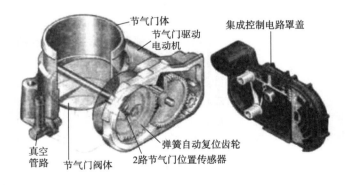

图 4-33　电子节气门组成

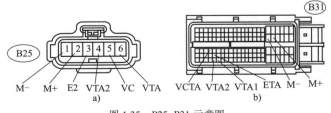

图 4-35　B25、B31 示意图

节气门定位电动机 G186 根据 ECU 发出的指令控制节气门开度,ECU 通过 PWM 占空比信号来控制电动机转角的大小。当占空比一定,节气门定位电动机输出的转矩与复位弹簧阻力矩保持平衡,节气门开度不变。当占空比变大时,节气门定位电动机驱动力克服复位弹簧阻力矩,使节气门开度增大;反之则减小。

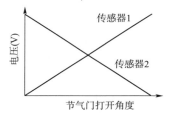

图 4-34　G187 和 G188 信号

当节气门定位电动机无电压时,进入紧急运行模式,由弹簧将节气门打开一定角度,系统运行于高怠速,踩加速踏板无反应,EPC 灯点亮,舒适系统功能关闭。存储故障码。

二、线性非接触型电子节气门

线性非接触型节气门位置传感器基于霍尔原理制造,将通有电流的霍尔半导体置于与电流方向垂直的磁场中,在半导体与电流和磁场垂直的横向侧边上产生一个与电流和磁场强度成正比的霍尔电压,这种现象叫霍尔效应,如图 4-36 所示。

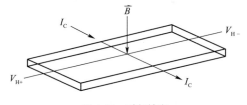

图 4-36　霍尔效应

结果录入表　　表 4-16

	各线电阻	各线对地电阻
VC		
VTA1		
VTA2		
E2		

根据以上检测结果,找出故障点为:

_____。

你是如何修复该故障的?

(6)装复发动机各部件,检查安装情况,检查各液面是否正常,清除故障码,启动发动机,再次读取故障码。

故障码为:_____。

4. 电子节气门电机检测:

如果故障码显示为 P2102、P2103,则为电子节气门电机故障。

(1)测量节气门电机电阻,参照电路图 4-39,参考 B25 连接器图,测量节气门电机电阻为:_____。

节气门电机电阻是否正常?

□正常　□不正常

(2)参照 B25、B31 连接器图,测量节气门电机线束电阻,将结果填入表 4-17。

当结构一定且电流 I 为定值时,霍尔电压与磁场强度 B 成正比。

1 霍尔式节气门位置传感器

下面以丰田卡罗拉霍尔式节气门位置传感器为例说明线性非接触型节气门位置传感器工作原理。

如图 4-37 所示,丰田卡罗拉节气门位置传感器由两个霍尔传感器组成,磁铁安装在节气门轴上,随节气门转动,当打开节气门时,磁铁从与霍尔元件平行位置转向垂直位置,通过霍尔元件的磁场增强,输出与磁场强度成正比的霍尔电压,如图 4-38 所示。正常电压范围如表 4-18 所示。

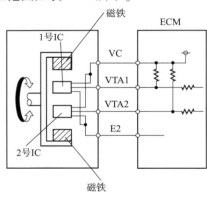

图 4-37 卡罗拉节气门位置传感器原理

卡罗拉节气门位置传感器输出电压　　　表 4-18

传感器信号	完全松开加速踏板	完全踩下加速踏板
VTA1	0.5~1.1V	3.3~4.9V
VTA2	2.1~3.1V	4.6~5.0V

节气门电机线束电阻　　　表 4-17

	各线电阻	各线对地电阻
M+		
M−		

节气门电机线束是否正常?

□正常　□不正常

(3)检测 +BM 电压,可使用诊断仪读取 +BM 的电压,标准电压为 11~14V。

实测 +BM 的电压为:_____。

(4)检测节气门电机控制信号波形,分别在 M+ 与 ME01 之间、M- 与 ME01 之间测量,测绘的波形描绘如下。

①M+ 与 ME01 波形:

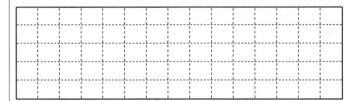

②M- 与 ME01 波形:

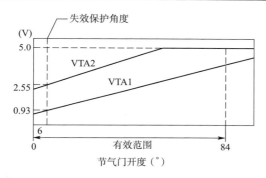

图4-38 卡罗拉节气门位置传感器输出特性

其中,VTA1输送到ECM作为发动机控制系统信号,VTA2作为节气门反馈信号,当VTA2与VTA1电压差值小于0.8V或大于1.6V时,ECM判断节气门位置传感器失效,输出故障码P0121,进入失效保护模式,ECM切断节气门执行电机的电源,节气门被复位弹簧拉回到开度6°,车辆只能以最低车速行驶。

当VTA1电压小于0.2V或大于4.5V,VTA2电压小于1.75V或大于4.8V,ECM都会判断节气门位置传感器失效,输出故障码,汽车进入失效保护模式运行。

2 节气门电机

节气门电机电路如图4-39所示。节气门电机由电脑通过PWM占空比信号来控制,标准电阻为0.3~100Ω。节气门电控系统有一个专用电源电路,当电源电压+BM过低(低于4V),ECM判断节气门系统有故障,进入失效保护模式。

3 霍尔式加速踏板位置传感器

霍尔式加速踏板位置传感器电路如图4-40所示。

VCPA是1号传感器电源,VPA是1号传感器信号,EPA是1号传感器地线。

所测节气门电机控制信号是否正常?

☐正常 ☐不正常

5. 加速踏板位置传感器检测:

当出现故障码P2120~P2128时,表示加速踏板位置传感器故障。电路如图4-40所示。

(1)根据故障码提示,检测Accelerator Position Sensor NO.1和Accelerator Position Sensor NO.2的数据流,将结果填入表4-19。

数据记录表　　　　表4-19

	松开加速踏板时	踩下加速踏板时
APS NO.1		
APS NO.2		

对照电路图4-39和图4-40霍尔式加速踏板位置传感器的输出特性,分析上述所测数据,是否正常?

☐正常 ☐不正常

(2)测量传感器电阻(表4-20),传感器的标准电阻为36.60~41.61kΩ。

传感器电阻　　　　表4-20

VPA~EPA	
VPA2~EPA2	

所测数据是否正常?　　☐正常 ☐不正常

(3)检查线束和连接器。

断开ECM连接器、断开节气门接器、测量线束电阻。

对照电路图 4-40 和节气门连接器 A3、ECM 连接器 A50 示意图(图 4-41),测量 A3 连接器至 A50 连接器之间线路的电阻,将结果填入表 4-21。

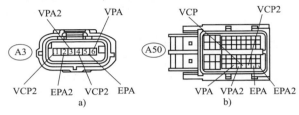

图 4-41 A3、A50 示意图

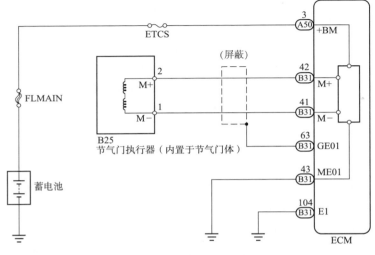

图 4-39 节气门电机电路

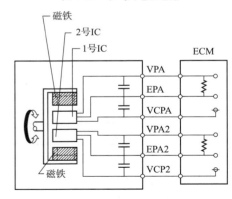

图 4-40 霍尔式加速踏板位置传感器

A3 至 A50 之间线路的电阻 表 4-21

	各线电阻	各线对地电阻
VCPA		
VPA		
EPA		
VCP2		
VPA2		
EPA2		

根据以上检测结果结合电路图分析,所测数据是否正常?

□正常　□不正常

VCP2 是 2 号传感器电源，VPA2 是 2 号传感器信号，EPA2 是 2 号传感器地线。霍尔式加速踏板位置传感器的输出特性如图 4-42 所示，输出电压值如表 4-22、表 4-23 所示。

6. 学习支持：节气门电机由 ECM 通过 PWM 信号控制电动机转角的大小，当占空比一定，节气门定位电动机输出的转矩与复位弹簧阻力矩保持平衡，节气门开度不变；当占空比变大时，节气门定位电动机驱动力克服复位弹簧阻力矩，使节气门开度增大；反之则减小。控制信号波形如图 4-43 所示。

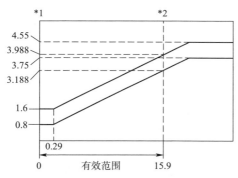

图 4-42 霍尔式加速踏板位置传感器的输出特性

1 号加速踏板位置传感器标准电压
表 4-22

条　件	规定状态
松开加速踏板	0.5～1.1V
踩下加速踏板	2.6～4.5V

2 号加速踏板位置传感器标准电压
表 4-23

条　件	规定状态
松开加速踏板	1.2～2.0V
踩下加速踏板	3.4～5.0V

踩下加速踏板时，两个传感器信号同步增长，互相监测并确保信号的正确性。VPA 指示实际的加速踏板开度，用于发动机控制，VPA2 用于检查传感器自身的情况，如 VPA2 与 VPA 电压差值小于 0.4V 或大于 1.2V 时，ECM 判断加速踏板位置传感器失效，输出故障码 P2121，进入失效保护模式。如果一个传感器出现故障，ECM 则使用另一个传感器计算加速踏板位置，以便使车辆得以继续行驶。如果两个传感器出现故障，ECM 认为加速踏板处于松开状态，节气门关闭，发动机怠速。

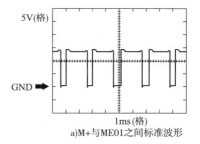

a) M+与 ME01 之间标准波形

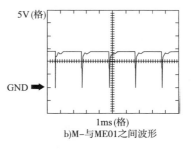

b) M-与 ME01 之间波形

图 4-43 控制信号波形

任务 4.7 检测温度传感器

温度传感器(Temperature Sensor)是用来测量冷却水温度、进气温度和排气温度的传感器。

汽车上应用的温度传感器包括冷却液温度传感器、进气温度传感器、排气温度传感器、车外环境温度传感器、车内温度传感器等,如表4-24所示。温度传感器通常有热敏电阻式、双金属片式、热敏铁氧式、蜡式等,汽车上的温度传感器多为负热敏系数的热敏电阻式。

所谓热敏电阻,是指这种电阻对温度敏感,当作用在这种电阻上的温度变化时,其阻值会随温度的变化而变化。其中,随温度升高的叫做正温度系数型热敏电阻;相反,随温度升高阻值减少的,叫做负温度系数型热敏电阻。热敏电阻温度传感器的测量电路比较简单,只要把传感器与一个精密电阻串联接到一个稳定的电源上,就能够用串联电阻的分压输出反映温度的变化。

汽车电子控制系统所用的温度传感器　　　　表4-24

温度传感器	主要作用
发动机冷却液温度传感器	检测发动机冷却液的温度,用于点火正时和喷油量的修正控制、怠速稳定、自动变速器锁止控制、发动机排放等控制
进气温度传感器	检测进气温度,用于喷油量修正控制
燃油温度传感器	检测燃油箱中燃油的温度,用于喷油量修正控制
自动变速器油温传感器	检测变速器油底壳中变速器油的温度,用于变速器换挡以及油液循环控制
车厢温度传感器	检测车厢内的温度,用于汽车空调温度自动控制
车外温度传感器	检测车厢外的温度,用于汽车空调温度自动控制
蒸发器温度传感器	检测蒸发器的温度,用于空调温度的自动控制
排气温度传感器	检测三元催化器的温度,用于排气温度报警

实训 4.7　检测温度传感器

1. 实训准备:丰田汽车、大众汽车、万用表、电吹风、温度计、解码器。

2. 你所用的实训设备:

车型:_____;

发动机型号:_____;

车辆识别码:_____。

3. 进气温度传感器检测:

情景导入:一辆丰田一汽卡罗拉在行驶时司机发现汽车发动机故障灯点亮,加速不良,只好把车慢慢开到丰田一汽服务站。

丰田一汽服务站安排你修理,你如何处理?

(1)故障灯点亮,说明汽车自诊断系统发现故障,首先读取故障码。

故障码为:_____。

所读的故障码有可能是以前的历史故障码,只可以做参考。因此,要消除故障码后再重新读取正在发生的故障。

(2)检查发动机机油、冷却液、蓄电池电压等,以确保启动后不会损坏发动机。

一 进气温度传感器

进气温度传感器(Intake Air Temperature Sensor)，简称 IATS 或 THA，安装在空气滤清器之后的进气软管上或空气流量计上，其作用是测量进气的温度，并输送给电脑作为修正喷油量的参考依据。进气温度传感器是一个具有负热敏系数的热敏电阻，外部以环氧树脂密封，如图 4-44 所示。

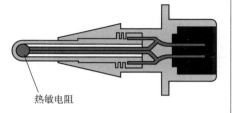

图 4-44 进气温度传感器

进气温度传感器内的热敏电阻随着进气温度变化时，ECU 通过 THA 端子测得的分压值随之变化，ECU 根据分压值来判断进气温度，连接电路如图 4-45 所示。

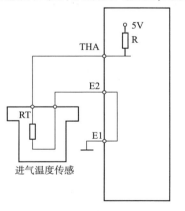

图 4-45 进气温度传感器的连接电路

机油液面	正常□ 不足□
冷却液面	正常□ 不足□
检查蓄电池电压	正常□ 不足□
各线路连接情况	正常□ 不良□

如有液面不足添加后再启动汽车。
(3) 启动发动机几分钟后，重新读取故障码。
故障码为：_____。
故障码解析：_____
_____
(4) 根据故障码提示，检测 Intake Air 的数据流。
显示进气温度为：_____
是否与当时气温相符？ 相符□ 不相符□
(5) 测量进气温度传感器电阻。
断开空气流量计连接器 B2(图 4-46)，拆下空气流量计，测量进气温度传感器电阻。

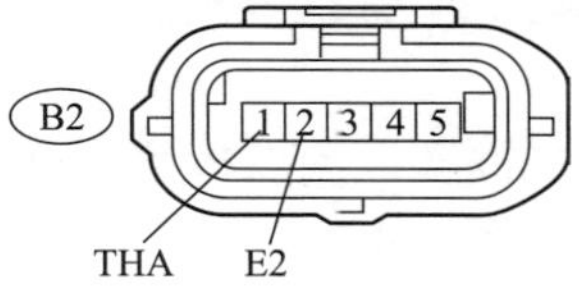

图 4-46 空气流量计连接器 B2

实验方法：用电吹风加热进气温度传感器，用温度计测量温度，测量传感器电阻，将结果填入表 4-25 中。

温度与电阻测量结果　　　表 4-25

温度					
电阻					

进气温度传感器电阻随温度变化的曲线如图4-47所示。

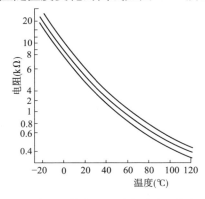

图4-47 进气温度传感器电阻与温度之间的关系曲线

二、水温传感器

冷却液温度传感器(Coolant Temperature Sensor),简称THW或ECT,其典型结构如图4-48所示,也是一个具有负温度系数的热敏电阻,外部以导热性良好的黄铜密封。

图4-48 水温传感器

所测电阻值是否符合图4-47要求?

相符□ 不相符□

(6)检查线束和连接器。

断开空气流量计连接器(进气温度与空气流量计安装在一起)、打开点火开关,测量THA线束电压(表4-26)。

THA 线束电压(一) 表4-26

	理论电压	实际电压	是否正常
THA			
E2			

安装好空气流量计,接好连接器,打开点火开关,测量THA线束电压(表4-27)。

THA 线束电压(二) 表4-27

	理论电压	实际电压	是否正常
THA			

对照电路图4-45和空气流量计连接器B2(图4-46)、ECM连接器B31示意图(图4-49),测量B2连接器至B31连接器之间线路的电阻(表4-28)。

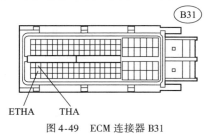

图4-49 ECM连接器B31

冷却液温度传感器安装在发动机冷却水通路上,水温的变化将引起电阻值的变化,将冷却液温度的变化转换成电信号,并提供给电控单元(ECU)。控制系统根据发动机温度修正喷油量、点火时刻以及怠速等参数。

在发动机启动时,由于转速波动大,无论是 D 型电控燃油喷射系统中的绝对压力传感器,还是 L 型电控燃油喷射系统中的空气流量计,都不能精确地确定进气量,也就无法确定合适的基本喷油时间,所以发动机启动时的同步喷油量控制与启动后的控制不同。发动机启动时,ECU 根据冷却液的温度,由内存的冷却液温度—喷油时间曲线来确定基本喷油时间,如图 4-50 所示。

B2 至 B31 之间线路的电阻　　　表 4-28

	各线电阻	各线对地电阻
THA		
E2		

根据以上检测结果,找出故障点为:_____。

你是如何修复该故障的?_____

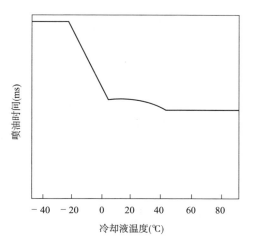

图 4-50　启动时的基本喷油时间

如果水温传感器损坏,将导致冷车启动时供油量不足而不能启动。

(7)装复发动机各部件,检查安装情况,检查各液面是否正常,清除故障码,启动发动机,再次读取故障码。

故障码为:_____。

(8)读取水温传感器的数据流。

显示冷却液温度为:_____。

是否与当时水温相符?　　相符□　不相符□

(9)拆下水温传感器,如图 4-51 所示进行测量,判断测量结果(表 4-29)是否符合图 4-47 要求。

测 量 结 果 表
表 4-29

测量条件	阻　值
20℃	
80℃	

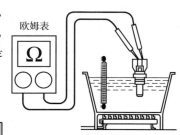

图 4-51　测量示意图

任务 4.8 检测氧传感器

氧传感器的作用是指示发动机中混合气的燃烧是否完全,测定废气中的氧含量,间接地判断进入汽缸内混合气的浓度,将检测的结果及时反馈给发动机的控制系统,以便对实际空燃比进行闭环控制。当排气中氧的含量过高时,说明混合气过稀,氧传感器即输出一个电信号给 ECU,让其指令喷油器增加喷油量;当排气中氧的含量过低时,说明混合气过浓,氧传感器立刻将此信息传递给 ECU 让其指令喷油器减少喷油量。目前,在汽车上使用的氧传感器主要有二氧化钛氧传感器和二氧化锆氧传感器两种。

一、二氧化钛(TiO_2)氧传感器

氧化钛式氧传感器是利用二氧化钛材料的电阻值随排气中氧含量的变化而变化的特性制成的,故又称电阻型氧传感器,结构如图 4-52 所示。在某个温度以上钛与氧的结合微弱,在氧气极少的情况下就必须放弃氧气,因此缺氧而形成低电阻的氧化半导体。相反,若氧气较多,则形成高电阻的状态。

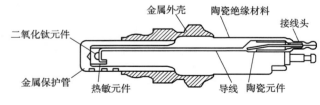

图 4-52 二氧化钛(TiO_2)氧传感器

实训 4.8 检测氧传感器

1. 实训准备:丰田汽车、大众汽车、数字式万用表、指针式万用表、示波仪、解码器。

2. 你所用的实训设备:

车型:_____;

发动机型号:_____;

车辆识别码:_____。

3. 氧传感器检测:

(1)氧传感器加热器电阻的检测。

图 4-53 所示为卡罗拉汽车氧传感器电路,其中 HT1A 是 1#氧传感器加热端子,氧传感器的加热由电

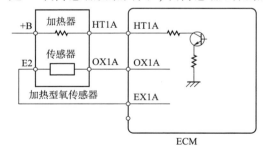

图 4-53 卡罗拉汽车氧传感器电路

氧传感器的输出特性,如图 4-54 所示。混合气浓时,排气中含氧量低,传感器电阻较小;混合气稀时,排气中含氧量高,传感器电阻较大。在理论空燃比附近电阻有一个突变。

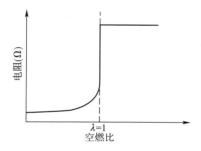

图 4-54　二氧化钛氧传感器的输出特性

如图 4-55 所示,ECU2#端子将一个恒定的 1V 电压加在氧化钛式氧传感器的一端上,传感器的另一端与 ECU3#端子相接。当排出的废气中氧浓度随发动机混合气浓度变化而变化时,氧传感器的电阻随之改变,ECU3#端子上的电压降也随着变化。当 3#端子上的电压高于参考电压时,ECU 判定混合气过浓;当 3#端子上的电压低于参考电压时,ECU 判定混合气过稀。通过 ECU 的反馈控制,可保持混合

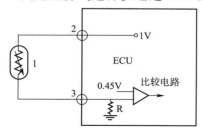

图 4-55　氧化钛式氧传感器电路

脑控制,测量 +B 和 HT1A 间电阻,标准为 5 ~ 10Ω。2#氧传感器标准电阻为 11 ~ 16Ω。

实测电阻为：_____。

是否符合要求？　　　　　　　　是□　否□

（2）氧传感器反馈电压的检测。

测量氧传感器反馈电压时,应先拔下氧传感器线束连接器插头,从氧传感器反馈电压输出端引出一条细导线,然后插好连接器,在发动机运转时从引出线上测量反馈电压。有些车型也可以从故障诊断插座内测得氧传感器的反馈电压,如丰田汽车,可从故障诊断插座内的 OX1 或 OX2 插孔内直接测得氧传感器反馈电压。

在对氧传感器的反馈电压进行检测时,最好使用指针型的电压表,以便直观地反映出反馈电压的变化情况。

①将发动机热车至正常工作温度。

□工作完成

②把电压表的负极测笔接故障诊断插座内的 E1 插孔或蓄电池负极,正极测笔接故障检测插座内的 OX1 或 OX2 插孔或接氧传感器线束插头上的引出线。

□工作完成

气的浓度在理论空燃比附近。在实际的反馈控制过程中,二氧化钛式氧传感器与ECU连接的3#端子上的电压也是在0.1~0.9V之间不断变化。

■ 二氧化锆(ZrO_2)氧传感器

二氧化锆(ZrO_2)是具有氧离子传导性的固体电解质,能在氧分子浓度差的作用下,产生电动势。

二氧化锆具有如下特性:在高温下,如果氧化锆的两侧的气体氧含量有较大差异时,氧离子会从氧含量高的一侧向氧含量低的一侧扩散,使两侧电极间产生电动势。

二氧化锆氧传感器的外形结构如图4-56所示,主要包括锆管和电极等。

图4-56 二氧化锆(ZrO_2)氧传感器

锆管是氧化锆陶瓷体制成的一端封闭的管状体,如图4-57所示。电极为透气的多孔性薄铂层,覆盖在锆管的内、外表面。锆管内表面与大气相通,外表面则与废气接触。氧化锆陶瓷体是多孔的,允许氧渗入该固体电解质内。发动机运转时,废气从锆管外表面流过,当温度高于350℃时,氧分子在高温状态下电离。由于锆管内、外表面的氧分子的浓度不同,使氧离子从浓度大的内表面向浓度小的外表面移动,从而在锆管内外表面的两个电极之间产生一个微小的电压。这种传感器的

③让发动机以2500r/min左右的转速保持运转,同时检查电压表指针能否在0~1V之间来回摆动,记下10s内电压表指针摆动次数。在正常情况下,随着反馈控制的进行,氧传感器的反馈电压将在0.4V上下不断变化,10s内反馈电压的变化次数应不少于8次。

实测氧传感器10s表压表指针摆动次数为:_____。是否符合要求?

是□ 否□

(3)使用解码仪进行主动测试。

许多汽车有传感器主动测试功能,氧传感器的主动测试是通过减少12.5%的喷油量和增加25%的喷油量,人为造成混合气浓度转换,测试氧传感器的电压变化。

可以将主动测试增减油量与氧传感器电压变化情况绘成图表,便于分析。如图4-58所示为正常情况。

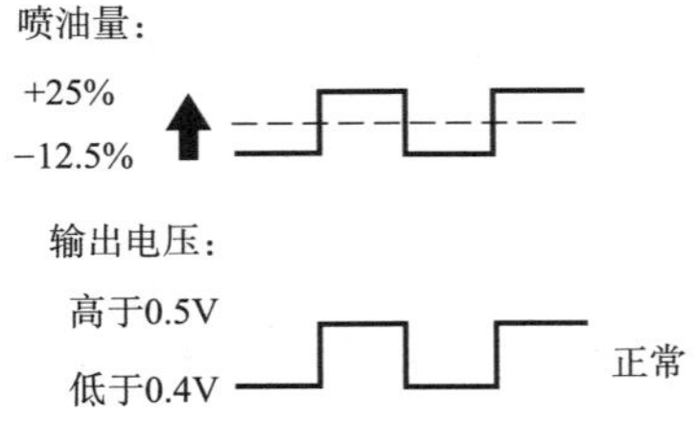

喷油量:
+25%
-12.5%

输出电压:
高于0.5V
低于0.4V   正常

图4-58 正常情况

如果氧传感器失效,输出电压则几乎无变化,如图4-59所示。

工作和干电池的原理相似,氧传感器的二氧化锆起到类似电触液的作用。

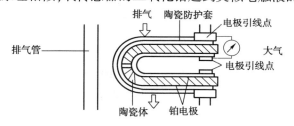

图4-57 氧化锆传感器工作原理

氧化锆传感器采用的是铂电极。铂的作用是催化排气中的 O_2 与 CO 反应,使混合气偏浓时的氧含量几乎为零,以提高氧传感器的灵敏度。

$$2CO + O_2 \rightarrow 2CO_2$$

如图4-60所示,混合气较浓(实际空燃比小于14.7)时,排气中缺氧,锆管内、外两侧的氧浓度差较大,氧离子移动较快,并产生 $0.8\sim1V$ 的电压;混合气较稀时,废气中有一定的氧分子,锆管中氧离子移动能力减弱,只产生约 $0.1V$ 电压。因此,电压信号随混合气成分的不同而变化,并以理论空燃比为界产生突变。

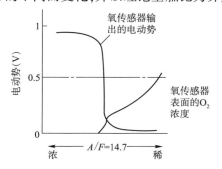

图4-60 氧化锆氧传感器的输出特性

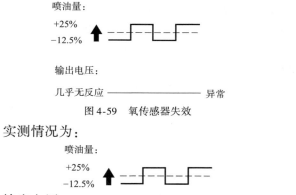

图4-59 氧传感器失效

实测情况为:

输出电压:_____。
所测数据是否符合要求?　　　　是□　否□
(4)氧传感器波形测试。

用电子示波器检测氧传感器输出的信号波形,可以很直观地确定氧传感器是否良好。正常的氧传感器信号波形如图4-61所示。

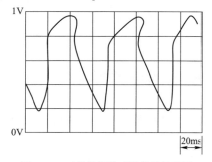

图4-61 正常的氧传感器信号波形图

ECU 根据氧传感器的信号控制喷油量的增加或减少,保持混合气的空燃比在理论空燃比附近。图 4-62 为二氧化锆氧传感器与 ECU 的连接电路。排气中氧浓度与大气中氧浓度的差值可使氧传感器产生电动势,把该电动势在输入回路的比较器中与基准电压对比:当电动势大于 0.45V 时,比较器输出为 1(浓信号);当电动势低于 0.45V 时,比较器输出为 0(稀薄信号)。

如采用急加速 5~6 次的方法测试氧传感器波形,正常的波形如图 4-63 所示,可以根据波形的最高电压、最低电压以及响应时间来判断传感器的好坏。

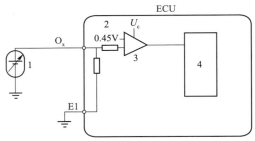

图 4-62 氧化锆氧传感器与 ECU 的连接电路
1-氧传感器;2-基准电压;3-比较器;4-电脑

图 4-63 急加速法测试氧传感器的波形图

①检测并绘制氧传感器在 2500r/min 时的波形。

由于二氧化锆只有在 400℃ 以上温度时才会工作,所以为了保证发动机在进气量小、排气温度低的时候也能正常工作,在传感器内加装了对二氧化锆进行加热的加热器,此加热器受 ECU 控制,称为加热型氧传感器。

三 氧传感器的反馈控制

电控汽油喷射系统闭环控制时,当实际空燃比比理论空燃比小,氧传感器向 ECU 输入高电压信号(0.75~0.9V)。此时 ECU 减小喷油量,空燃比增大。当空燃比增大到理论空燃比时,氧传感器输出电压信号将突变下降至 0.1V 左右,ECU

②检测并绘制采用急加速 5~6 次的方法测试氧传感器波形。

立即控制增加喷油量,空燃比减小。如此反复,就能将空燃比精确地控制在理论空燃比附近一个极小的范围内,如图 4-64 所示。

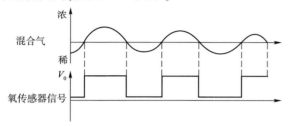

图 4-64 氧传感器输出信号与空燃比的变化

所检测波形是否符合要求?

是□　否□

如果波形不符合要求,请分析故障原因?

项目五 电控怠速控制系统检修

学习目标

1. 能指出实训车辆怠速控制系统类型；
2. 会检测旋转电磁阀怠速机构性能；
3. 会进行步进电动机性能检测操作；
4. 能独立进行大众车系节气门设定操作。

任务 5.1 认识怠速控制系统

所谓怠速,是指发动机无功率对外输出情况下的稳定运转状态。怠速转速过高,会使发动机油耗增加;怠速转速过低,在发动机运行状态和负荷发生变化时,会使发动机转速不稳,甚至引起发动机熄火。

怠速时,节气门不受驾驶员加速踏板控制,空气是通过节气门全关时的缝隙及旁通气道进入发动机汽缸的。电子控制的怠速控制装置,是由 ECU 根据发动机工作情况对怠速空气量实行自动控制使发动机在某一稳定的转速下怠速运转。

一、怠速控制系统的组成

怠速控制系统主要由三部分组成:节气门位置传感器、执行器和ECU,如图5-1所示。

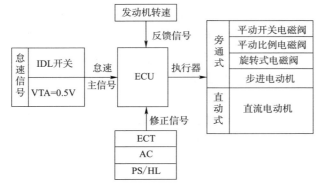

图 5-1　怠速控制系统组成

实训 5.1　认识电控发动机怠速控制系统

1. 认识怠速控制装置:
(1)实训准备:丰田、本田或大众汽车
(2)你所用的实训设备:
车型:＿＿＿＿＿＿＿＿＿＿＿＿＿＿＿;
发动机型号:＿＿＿＿＿＿＿＿＿＿＿＿＿;
车辆识别码:＿＿＿＿＿＿＿＿＿＿＿＿。
(3)在车上找出相应的部件并打√。
□TPS　　　　　□怠速控制阀
□ECT　　　　　□AC 开关
□PS 传感器　　□转速传感器
2. 认识怠速控制阀类型:
(1)车型:＿＿＿＿＿＿＿＿＿＿＿＿＿＿;
发动机型号:＿＿＿＿＿＿＿＿＿＿＿＿＿;
怠速控制阀类型:＿＿＿＿＿＿＿＿＿＿。
(2)车型:＿＿＿＿＿＿＿＿＿＿＿＿＿＿;
发动机型号:＿＿＿＿＿＿＿＿＿＿＿＿＿;
怠速控制阀类型:＿＿＿＿＿＿＿＿＿＿。
(3)车型:＿＿＿＿＿＿＿＿＿＿＿＿＿＿;

项目五　电控怠速控制系统检修

二、怠速控制原理

怠速控制的实质是对怠速时进气量的控制。怠速控制方法是 ECU 根据发动机不同运行条件控制怠速控制机构,调节怠速时的进气量,同时配合喷油量及点火提前角的控制,改变怠速工况燃料消耗所发出的功率,从而稳定或改变怠速转速。此外还必须保证各种工况改变时平顺地过渡。

怠速进气量的控制对策、方式因车型而有所不同,目前可分为两种基本类型:一是旁通空气控制式,控制的是节气门旁的旁通空气道的空气流量,如图 5-2 所示;二是节气门直动式,直接控制节气门的关闭位置,如图 5-3 所示。两种类型都是通过调节空气通路截面的方法,来控制空气流量的。

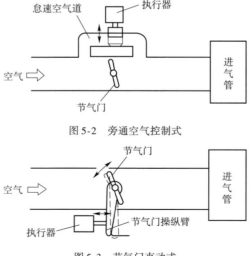

图 5-2　旁通空气控制式

图 5-3　节气门直动式

发动机型号：_____；
怠速控制阀类型：_____。
(4)车型：_____；
发动机型号：_____；
怠速控制阀类型：_____。
3.仔细观察发动机怠速情况：
(1)当刚启动,发动机冷却液温度较低时,怠速值为：_____。
(2)发动机暖机后,怠速值为：_____。
(3)打开空调,发动机的怠速值为：_____。
(4)关闭空调,打开前照灯,发动机的怠速值为：_____。
总结：_____。

4.拓展学习：平动式电磁阀怠速执行机构分为开关式电磁阀和比例式电磁阀,其中开关式电磁阀只作为低温启动时附加空气量提供,有开和关两种状态,由于功能单一,目前一般作为空气(真空)控制阀使用,如图 5-4 所示。

比例式平动电磁阀式怠速执行机构主要由一只比例电磁阀构成,其电磁线圈的驱动电流为 ECU 送来的占空比 PWM 信号。

如图 5-1 所示，ECU 根据冷却液温度、空调开关等参数确定将要控制的目标转速，并由怠速开关信号判断发动机是否处于怠速状态，如果是，则怠速转速控制开始。ECU 不断地将测得的发动机转速与设定的目标转速相比较，根据比较结果，控制怠速执行器工作，增大或减少进气量，同时控制供油及点火参数，保证怠速转速稳定在目标转速上。

三 怠速控制执行器

怠速执行器的功能就是改变怠速时的进气量。按照改变进气量的方式不同，怠速控制系统有两种类型，相应的，怠速控制器也有两种，分别是旁通空气控制式和节气门直动式。旁通空气控制式的怠速执行器又分为开关控制型真空开关阀及占空比控制型真空开关阀、旋转电磁阀、步进电动机等。

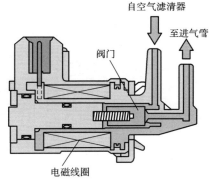

图 5-4 开关式电磁阀

任务 5.2 检测旋转电磁阀怠速执行机构

转阀式怠速控制阀有单线圈式和双线圈式两种。其中，单线圈式为新型，双线圈式为旧型。

一 单线圈转阀式怠速控制阀

单线圈转阀式怠速控制阀由电磁线圈、IC（集成电路）、永久磁铁和转阀组成，如图 5-5a）所示。其中，转阀的一端通空气滤清器，另一端通节气门后方。改变转阀的转角，即可以改变空气通道的大小，如图 5-5b）所示。

实训 5.2 检测旋转电磁阀怠速机构

1. 实训准备：丰田 5A 发动机、万用表、解码器、常用拆装工具。
2. 你所用的实训设备：

车型：＿＿＿＿＿＿＿＿＿＿＿＿＿＿＿＿；

发动机型号：＿＿＿＿＿＿＿＿＿＿＿＿；

车辆识别码：＿＿＿＿＿＿＿＿＿＿＿＿。

项目五　电控怠速控制系统检修

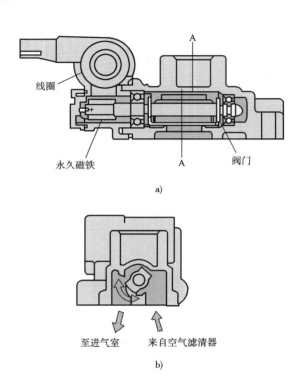

图 5-5　旋转电磁阀

发动机 ECU 向 IC（集成电路）发送一定频率的方波信号，再由 IC 控制电磁线圈的工作电流，ECU 只要改变方波信号的占空比，即可改变转阀的开度。工作原理如图 5-6 所示。如果发生故障（例如电路断路），转阀会在永久磁铁的作用下打开至某一固定开度，怠速转速可达到 1000～2000r/min。

3. 旋转电磁阀怠速机构检测：

情景导入：一辆一汽威乐汽车在行驶时驾驶员发现汽车发动机故障灯点亮，怠速时车发抖，有时自动熄火，只好把车慢慢开到服务站。

4. 按照下列步骤确认故障症状，将观察到的现象记录下来。

（1）启动发动机，将发动机预热至正常工作温度。
□任务完成
（2）突然加速，观察发动机的工作情况。□任务完成
（3）在完成上述任务时，在发动机出现的下述现象前打"√"。

□发动机冷启动困难
□发动机热启动困难
□发动机怠速过高
□发动机怠速过低
□发动机怠速不稳定
□发动机启动后熄火
□踩下加速踏板后发动机熄火
□其他

5. 结论：此车发动机是否正常。　□正常　□不正常
6. 用解码器检查发动机怠速转速（表5-1）。

发动机怠速转速　　　　表 5-1

发动机型号	标准值	测量值	怠速是否正常

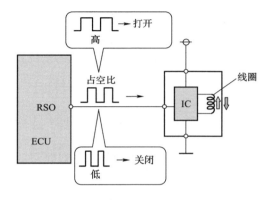

图 5-6 单线圈子旋转电磁阀工作原理

双线圈转阀式怠速控制阀

两个电磁线圈通电后所产生的磁场同极相对,共同对转轴上的永久磁铁产生作用力,线圈 A 的磁场使转阀开度增大,线圈 B 的磁场使转阀开度减小(图 5-7)。

当两个磁场强度相同时,转阀处于中间位置;当两个磁场强度不同时,转阀发生偏转:如果线圈 A 的磁场大于线圈 B 的磁场,则转阀开度增大;如果线圈 A 的磁场小于线圈 B 的磁场,则转阀开度减小。转阀的最终位置取决于两个磁场强度与双金属片弹力的平衡状态。

阀片的转角限制在 90°以内,转角的大小由控制信号的占空比决定(图 5-8),变化范围为 18%～82%。测量 RSO 线,冷车时占空比为 24%～25%,热车时占空比为 22%～23%,打开 A/C 时占空比为 27%。

7. 画出怠速阀电路连接器的示意图,并在图上标出各个端子的作用。

8. 用解码仪的主动测试模式进行测试,开启或关闭怠速控制阀,检查怠速的变化(表 5-2)。

检查怠速的变化　　　　表 5-2

控制方式	怠速转速	是否正常
增大怠速阀开度	□增大　□减小	
减小怠速阀开度	□增大　□减小	

9. 打开点火开关,测量怠速控制阀的电源端子(VISC)和搭铁端子(GND)之间的电压,将检查结果填入表 5-3 中。

检 查 结 果 表　　　　表 5-3

检测端子	标准值	测量值	是否正常

10. 断开 ECU 和怠速阀的连接器,检查 ECU 和怠速阀之间的导线是否有断路、短路故障(表 5-4)。

检查 ECU 和怠速阀之间的导线　　表 5-4

检测端子	断路检查			检测端子	短路检查		
	标准值	测量值	是否正常		标准值	测量值	是否正常

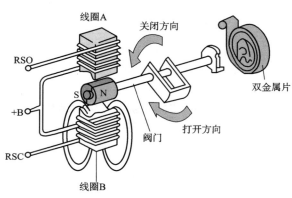

图 5-7 双线圈子旋转电磁阀工作原理

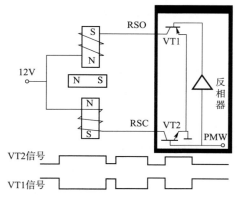

图 5-8 双线圈子旋转电磁阀控制电路

11. 检查怠速控制阀总成。

(1) 从节气门体上拆下怠速控制阀。

(2) 重新连接怠速控制阀的线束连接器。

(3) 将点火开关扭至 ON 位置,检查怠速控制阀的工作情况。

□正常　□不正常

(正常为:怠速控制阀在 0.5s 内,从半开到全闭合,再到全开,最后半开。)

12. 如果所检测的是双线圈怠速阀(如 5A-FE),检测项目为:

(1) 检查怠速控制控制阀各端子之间的电阻(表 5-5)。

各端子之间的电阻　　表 5-5

检测端子	标 准 值	测 量 值	是否合格
+B 和 RSC	17~24Ω		
+B 和 RSO	17~24Ω		

(2) 测试怠速控制控制阀的工作情况。向 +B 端子供电,RSC 端子和 RSO 端子分别刮碰接地,观察控制阀的运行情况(表 5-6)。

控制阀的运行情况　　表 5-6

接地端子	是否动作	动作方向
RSC		
RSO		

任务 5.3　检测步进电动机式怠速执行机构

步进电动机在电控发动机中应用广泛,除用于怠速控制系统外,在自动空调等系统中也被广泛应用。

步进怠速电动机多用于丰田、通用车系。其中,丰田车系怠速电机一般有125步六线控制,通用车系的怠速电动机有255步、四线控制。

一、丰田汽车步进电动机

步进电动机式怠速控制阀装在节气门体或进气室上,当步进电动机的转子转动时,其阀杆伸出或缩入,阀杆一端的阀门即可控制旁通气道的开度,如图5-9所示。阀门从全关到全开,步进电动机可转125步,阀门的开度也相应有125级(丰田汽车)。

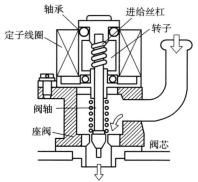

图5-9　步进电动机

实训5.3　检测步进电动机怠速机构

一、检测丰田汽车步进电动机

1. 实训准备：丰田LS400发动机、万用表、解码器、常用拆装工具、步进电动机。

2. 你所用的实训设备：
车型：＿＿＿＿＿＿＿＿＿＿＿＿＿＿＿＿＿＿；
发动机型号：＿＿＿＿＿＿＿＿＿＿＿＿＿＿；
车辆识别码：＿＿＿＿＿＿＿＿＿＿＿＿＿＿。

3. 识读丰田步进电动机式怠速控制阀电路图(图5-10)。

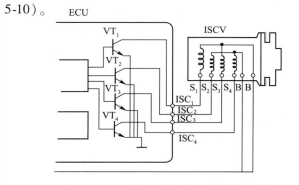

图5-10　丰田步进电动机式怠速控制阀电路图

项目五 电控怠速控制系统检修

步进电动机的转子由永久磁铁制成,定子则由两个16极铁芯构成,每个铁芯上绕有两组线圈,两个铁芯共4组线圈(分别为C_1、C_2、C_3、C_4),每组线圈都由8个线圈组成,每个线圈都各自绕在一个铁芯极上,这样就形成了16对磁极(共32个磁极),如图5-11所示。

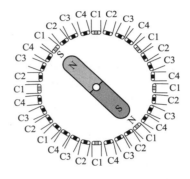

图5-11 步进电动机转动原理

线圈C1通电时,其磁场使转子转到C1磁极对应的位置;线圈C2通电时,其磁场则使转子转到C2磁极对应的位置,以此类推。如果发动机ECU按照C1—C2—C3—C4的顺序给4组线圈通电,则转子向顺时针方向步步转动,怠速阀步步打开;如果发动机ECU按照C4—C3—C2—C1的顺序给4组线圈通电,则转子向逆时针方向步步转动,怠速阀则步步关闭。

丰田汽车步进电动机式怠速控制阀的控制电路如图5-12所示。该怠速控制阀具有如下的特定功能:发动机ECU控制一定顺序,晶体管VT_1、VT_2、VT_3、VT_4适时导通,分别给步进电动机定子供电,驱动步进电动机转子旋转,从而改变阀芯与阀座的间隙,来设旁通气道的进气量。

4.检查怠速阀是否可以正常工作。

启动发动机,然后关闭发动机,听怠速控制阀是否有"咔嗒"声。

□有"咔嗒"声 □无"咔嗒"声

5.接上故障诊断仪,查看怠速阀数据流,显示值是_____,怠速转速是_____,是否正常?

□正常 □不正常

6.发动机暖机后,打开空调,查看怠速阀数据流,显示值是_____,怠速转速是_____,是否正常?

□正常 □不正常

7.发动机怠速转速越高,怠速控制阀的开启程度是越大还是越小?

□越大 □越小 □不变

8.检查怠速阀的电阻。

按表5-7测量怠速控制阀各端子间的电阻。

测量结果表　　表5-7

检查端子	标准值	测量值	是否正常
B1和S1	10~30Ω		
B1和S3	10~30Ω		
B2和S2	10~30Ω		
B2和S4	10~30Ω		

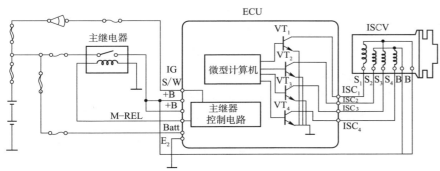

图 5-12　丰田汽车步进电动机控制电路

步进电动机的控制内容

（1）启动初始位置设定

点火开关关闭后，怠速控制阀全部打开到 125 步，为下次启动做好准备。

（2）启动后怠速控制阀逐渐关小到与冷却液温度对应的开度，控制与冷却液温度对应的转速，如冷车时为 55 步。

（3）暖机后，控制阀达到正常怠速正常开度，如丰田为 52 步。可以从数据流读出。

（4）反馈控制，发动机目标转速与实际相差 20r/min 时，ECU 控制怠速怠速电动机转动，达到目标转速。

（5）发动机在怠速工况时，当收到 A/C、P/N、PS 等信号，控制怠速步进电动机转动，预先把控制阀打开或关小一个固定距离，如打开 A/C 时为 63 步。

（6）学习控制，把步进电动机以往设定存储在 ECU 中，供以后怠速控制阀用。

（7）转子转动一圈是 32 步，调节范围为 0～125 步。

9.检查怠速控制阀的运行。

（1）从节气门体上拆下怠速控制阀。

□ 任务完成

（2）将蓄电池的正极连接到怠速控制阀的 B1 和 B2 端子上（图 5-13）。

□ 任务完成

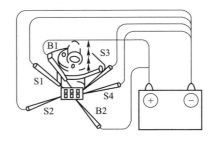

图 5-13　连接蓄电池和怠速控制阀

（3）按顺序将负极依次连接到端子 S1、S2、S3、S4 上，观察怠速控制阀的运行情况，怠速阀的阀芯是伸出还是缩回去？

□ 伸出　□ 缩回　□ 不动

怠速阀是关闭还是打开？

□ 关闭　□ 打开　□ 不动

（4）反过来，按顺序将负极依次连接到端子 S4、S3、S2、S1 上，观察怠速控制阀的运行情况，怠速阀的阀

三、通用等汽车的步进电动机

通用小排量汽车和大多数国产小排量汽车采用四线式步进电动机,步进电动机的电路图如图5-14所示,该电动机只用两个线圈,电阻为53Ω,使用正反电流实现磁场反相,达到丰田汽车六线电动机的效果。定子每层有12对磁极,两层共有24对磁极,转子有12对磁极。电机转动一圈有48步,共255步。

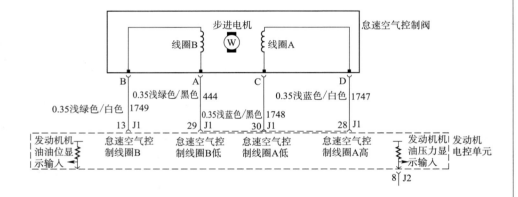

图5-14 通用汽车步进电动机电路

通用汽车冷车启动时IAC阀100步,热车后怠速40~44步,打开空调90步。

芯是伸出还是缩回?

□ 伸出　□ 缩回　□ 不动

急速阀是关闭还是打开?

□ 关闭　□ 打开　□ 不动

(5)被检查的步进电动机怠速控制阀是否正常?

□ 正常　□ 不正常

二、通用别克轿车怠速步进电动机检测

1. 实训准备:通用别克轿车、万用表、解码器、常用拆装工具、步进电动机。

2. 你所用的实训设备:

车型:_____;

发动机型号:_____;

车辆识别码:_____。

3. 接上故障诊断仪,查看怠速阀数据流,显示值是_____,怠速值是_____,是否正常?

□ 正常　□ 不正常

4. 发动机暖机后,打开空调,查看怠速阀数据流,显示值是_____,怠速值是_____,是否正常?

□ 正常　□ 不正常

任务 5.4　节气门设定

节气门基本设定就是让电控单元了解节流阀体的基本特性基本参数,这样才会在以后的运行过程中自动地调整它与节气门的动作。

一、基本设定过程

进行节气门基本设定时,节气门调节器进入应急运行中最大位置到最小位置的过程,发动机控制单元通过自适应来学习节气门控制单元止点位置及节气门的开度与位置传感器信号之间的关系。

二、必须进行自适应的情况

供电中断；
拆装节气门控制单元；
更换节气门控制单元；
更换发动机；
更换发动机控制单元。
基本设定条件如下：
ECU 没有故障码存储；
蓄电池电压不低于 11.5V；
关闭所有附件；
节气门体应在怠速点位置。

实训 5.4　节气门设定

1. 实训准备：大众汽车、万用表、解码器、常用拆装工具。

2. 你所用的实训设备：
车型：＿＿＿＿＿＿＿＿＿＿＿＿＿＿＿＿＿＿；
发动机型号：＿＿＿＿＿＿＿＿＿＿＿＿＿＿；
车辆识别码：＿＿＿＿＿＿＿＿＿＿＿＿＿＿。

3. 故障现象：
一辆 2010 年 9 月出厂的捷达前卫轿车,配备电控多点燃油喷射系统发动机,行驶里程 19.3 万公里。驾驶员到我处报维修称此车怠速不稳,有时还有怠速熄火现象,此故障已持续近一个月。

分析造成怠速不稳的原因：
(1)进气系统。
①进气歧管或各种阀泄漏；
②节气门和进气道积垢过多；
③怠速空气执行元件故障；
④进气量失准。
(2)燃油系统。

三、节气门基本设定方法及步骤

（1）将大众汽车专用故障诊断仪 V.A.G1551/1552 与汽车 16 端子诊断连接器相接（诊断连接器一般位于仪表台下方，部分汽车在变速杆旁）。

（2）启动发动机并保持怠速运转。

（3）向故障诊断仪输入地址"01"，进入发动机检测→输入选择功能"08"，进入读数据块功能→输入组号"03"，读基本数据，显示：

```
读取数据块                              3 →
810r/min      13.650V      91.0℃      43.2℃
   ①             ②           ③          ④
```

其中，数据①为发动机转速；数据②为电源电压；数据③为冷却液温度；数据④为气温。

如果怠速超出范围，则按【C】键退出，输入组号"04"，读取怠速稳定控制数据，显示：

```
读取数据块                              4 →
3∠°         0.23g/s      0.00g/s      Leerlauf
  ①            ②           ③             ④
```

其中，数据①为节气门开度；数据②为怠速进气流量调整值（N 挡位置）；数据③为怠速进气流量调整值（D 挡位置）；数据④为工作状态说明，德文"Leerlauf"即"怠速"。

如没有显示"Leerlauf"，则说明怠速开关没有闭合，应该检查怠速开关。

①喷油器故障；
②燃油压力故障；
③喷油量失准。

（3）点火系统。
①点火模块与点火线圈；
②点火触发信号缺失；
③火花塞与高压线；
④点火提前角失准；
⑤霍尔传感器故障；
⑥冷却液温度传感器故障；
⑦进气温度传感器故障；
⑧爆震传感器故障。

（4）其他原因。
①三元净化催化器堵塞；
②空调信号故障；
③转向助力器信号故障；
④发动机控制单元与空调、自动变速器控制单元之间的怠速提升信号中断等。

怠速不稳的诊断方法和步骤一般为：询问车主→外观检查→查询分析故障码→阅读分析数据块→检测→故障排除→检验交车。

汽车修理工在逐项排查过程中，先后更换了冷却液温度传感器、火花塞、高压线，清洗油路，同时发现节

急速进气流量调整值的标准值为(-1.7~+1.7)g/s。小于-1.7g/s,则说明进气系统有泄漏;大于+1.7g/s,则说明发动机有额外负荷(例如:前照灯等大用电设备工作)或进气系统有阻塞。

急速时节气门开度的标准值为 0~5∠°,如果不在标准值范围内,应检查节气门与 ECU 的匹配情况,按【C】键退出,输入组号"05",读取急速匹配数据,显示:

读取数据块			5 →
810r/min	800r/min	1.7%	2.9g/s
①	②	③	④

其中,数据①为发动机转速实际值;数据②为发动机转速目标值;数据③为急速调整量(正常值为-10%~+10%);数据④为进气流量。

急速转速应为(800±30)r/min。如果急速转速过低,可能的原因有:发动机负荷过大;节气门与 ECU 不匹配;急速稳定控制器损坏。如果急速转速过高,可能的原因有:进气系统漏气;节气门与 ECU 不匹配;急速稳定控制器损坏;活性炭罐电磁阀常开。

四 对节气门与 ECU 进行匹配

节气门实际位置与 ECU 内部记忆值不匹配时,发动机急速可能会不稳、过高或过低,此时,需要对节气门与 ECU 进行匹配。操作方法如下:

(1)将 V.A.G1551/1552 与汽车 16 端子诊断连接器相接。
(2)接通点火开关,但不启动发动机。

气门体过脏,于是对节气门体清洗,清洗后按规定进行节气门匹配。

4. 检修过程:
(1)读取汽车发动机故障码。
故障码为:_____
故障原因为:_____
_____
_____。

(2)读取汽车发动机相关数据流。
①读取 03 组数据:
转速:_____;
电源电压:_____;
冷却液温度:_____;
气温:_____。
03 组数据是否正常?
　　　　　□正常　　□不正常

②读取 04 组数据:
节气门开度:_____;
急速进气流量调整值:_____;
急速进气流量调整值:_____;
急速阀工作状态:_____。
04 组数据是否正常?
　　　　　□正常　　□不正常

（3）向故障诊断仪输入地址"01"，进入发动机检测→输入选择功能"04"，进入"基本调整"功能→输入组号"98"（有些车型为60）→按"确认"键后自动开始进行节气门与ECU的匹配，整个过程大约需要10s。

发动机ECU清除原记忆值，并驱动节气门由最小怠速开度至最大怠速开度运行一个循环，同时利用怠速节气门位置传感器的信号记忆最大、最小以及中间5个开度值，随后在启动位置停留片刻，最后关闭，同时故障诊断仪显示"基本调整结束"。此时，按【C】键退出，断开点火开关，从16端子诊断连接器上拆下故障诊断仪连接器即可。

如果在匹配的过程中发生自动中断现象，可能的原因为：节气门太脏；电池电压过低；怠速稳定控制器损坏或电机线路故障。

五 对怠速转速进行设定

当需要对怠速转速的目标值进行微量调整时，可在发动机启动后，用大众汽车专用故障诊断仪 V.A.G1551/1552 输入地址"01"，进入发动机检测→输入选择功能"09"，进入"自适应匹配"功能→输入组号"01"，然后按"↑"或"↓"键来增大或减小设定的转速值，但调整量有限。

该项操作的条件是：ECU内没有储存故障码，且冷却液温度正常，没有开空调等附属设备。

③读取05组数据：
发动机转速实测值：＿＿＿＿＿＿＿＿＿＿＿＿；
发动机转速目标值：＿＿＿＿＿＿＿＿＿＿＿＿；
怠速调整量：＿＿＿＿＿＿＿＿＿＿＿＿＿＿＿；
进气流量：＿＿＿＿＿＿＿＿＿＿＿＿＿＿＿＿。
05组数据是否正常？
　　　　　　　　　　　　□正常　　□不正常
（3）节气门与ECU进行匹配。
①连接诊断仪：　　　　　　　　　□工作完成
②通点火开关：　　　　　　　　　□工作完成
③输入匹配地址：　　　　　　　　□工作完成
此时诊断议是否提示完成匹配？
　　　　　　　　　　　　□匹配完成　□没完成
在匹配过程中仔细观察节气门，节气门是否有转动？
　　　　　　　　　　　　□转动　　□没反应
（4）对怠速转速进行设定，上升50r/min。
　　　　　　　　　　　　□设定成功　□没成功
（5）对怠速转速进行设定，下降50r/min。
　　　　　　　　　　　　□设定成功　□没成功
（6）问题拓展：怠速过高能否通过怠速转速设定进行调整？

项目六
进排气控制系统检修

学习目标

1. 能使用专用设备检修丰田 VVT 系统典型故障；
2. 会检查本田 VTEC 系统的故障；
3. 会分析与维修废气涡轮增压系统故障；
4. 会判断三元催化器故障；
5. 会排除废气再循环系统故障；
6. 能检查与排除汽油蒸气回收系统故障。

任务 6.1 检修丰田 VVT-i 系统

VVT-i(Variable Valve Timing-intelligent)系统是指"智能可变正时系统"。

汽油发动机要达到良好的动力性、燃油经济性和排放性能,首先必须控制合适的汽油与空气混合比例,以满足怠速、中低速、中小负荷、高速大负荷等工况时对混合气浓度的要求。普通进气机构的发动机,其配气相位和气门都是固定的。发动机在中低速时,主要考虑省油和改善排放,供给的汽油少,这时实际进气量会偏大;在高速时,发动机的动力性是主要的,需多供给汽油,但供给的汽油又受到进气量的限制而不能太多,这时进气量又偏少。因此,传统的吸气式发动机由于进气量的限制,动力性、经济性以及排放性的潜力均未完全发挥。随着轿车汽油机的高速化和废气排放法规的日趋严格,配气机构固定不变的缺点变得越来越突出。为消除这一缺陷,目前丰田车普遍采用"可变式" VVT-i 系统。

该系统的最大特点是可根据发动机的工况控制进气凸轮轴,通过调整凸轮轴转角,对配气相位进行优化,通过改变进气门开启的时刻,来调节气门正时。在发动机中低速运转时缩小"气门叠开阶段"时间,高速运转时扩大"气门叠开阶段"时间,使发动机在中低转速时产生足够的扭力,在高转速时又能提供强大的动力,从而改善了发动机的工作性能。

一、VVT-i 系统的组成

VVT-i 系统由传感器、ECU 和凸轮轴正时机油控制阀、控制器等部分组成。根据发动机曲轴位置传感器、空气流量计、进气歧管压力传感器、凸轮轴位置传感器、节气门位置传感器和水温传感器等信号,ECU 计算出各个行驶条件下的最佳气

实训 6.1 检修丰田 VVT-i 系统

1. 实训准备:丰田卡罗拉汽车、万用表、诊断仪、常用工具。

2. 你所用的实训设备:
车型:_____;
发动机型号:_____;
车辆识别码:_____。

3. 试验记录汽车故障现象。
发动机故障指示灯_____;
发动机运行情况_____。

4. 汽车修理安全与防护措施:
①安放车轮挡块。　　　　　□是　□否
②安放座套、转向盘套、脚垫等。　　　□是　□否
③安放翼子板布、前格栅布等。　　　　□是　□否

5. 发动机基本状态检查:
①检查机油液面:　　　　　正常□　不正常□
②检查机油液面:　　　　　正常□　不正常□
③检查冷却液面:　　　　　正常□　不正常□
④检查制动液面:　　　　　正常□　不正常□

门正时,控制凸轮轴正时油压控制阀动作。控制阀根据 ECU 指令控制机油槽阀的位置(图 6-1),改变液压流量,把提前、滞后、保持不变等信号指令选择输送至 VVT-i 控制器的不同油道上,使进气凸轮轴在 40°范围内保持最佳气门正时,以提高发动机特性。

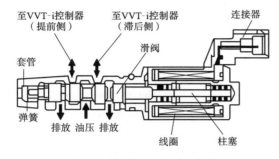

图 6-1　凸轮轴正时机油控制阀

二、VVT-i 类型

按控制器的安装部位不同可分成两类:一类是安装在排气凸轮轴上的,称为叶片式 VVT-i;另一类是安装在进气凸轮轴上的,称为螺旋槽式 VVT-i。

1 叶片式 VVT-i

叶片式 VVT-i 控制器(图 6-2)由驱动进气凸轮轴的管壳和与排气凸轮轴相耦合的叶轮组成,来自提前或滞后侧油道的油压传递到排气凸轮轴上,导致 VVT-i 控制器管壳旋转以带动进气凸轮轴,连续改变进气正时。当油压施加在提前侧油腔转动壳体时,沿提前方向转动进气凸轮轴;当油压施加在滞后侧油腔转动壳体时,

⑤检查蓄电池电压及蓄电池连接:
　　　　　　　　　　　　正常□　不正常□
⑥检查各线路连接情况:　正常□　不正常□
⑦检查发动机故障灯:　　正常□　不正常□
6．检测故障码为:＿＿＿＿＿＿＿＿＿＿＿＿。
故障码解释为:＿＿＿＿＿＿＿＿＿＿＿＿＿
＿＿＿＿＿＿＿＿＿＿＿＿＿＿＿＿＿＿＿。
7．与故障代码相关的数据流为:＿＿＿＿＿＿
＿＿＿＿＿＿＿＿＿＿＿＿＿＿＿＿＿＿＿。
8．制订检修方案:＿＿＿＿＿＿＿＿＿＿＿＿
＿＿＿＿＿＿＿＿＿＿＿＿＿＿＿＿＿＿＿
＿＿＿＿＿＿＿＿＿＿＿＿＿＿＿＿＿＿＿
＿＿＿＿＿＿＿＿＿＿＿＿＿＿＿＿＿＿＿。
9．使用诊断电脑对凸轮轴机油控制阀进行主动测试。
发动机转速是否有变化?　　□是　　□否
10．检查进气侧凸轮轴机油控制阀总成。
(1)检查凸轮轴正时机油控制阀电阻(图 6-3)。

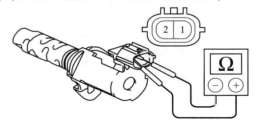

图 6-3　检查凸轮轴正时机油控制阀电阻

沿滞后方向转动进气凸轮轴;当发动机停止时,凸轮轴正时机油控制阀则处于最大的滞后状态。

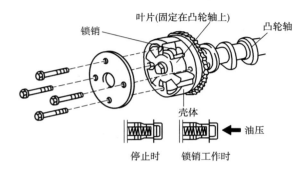

图 6-2 叶片式 VVT-i 控制器

(1) 提前:

根据 ECU 电脑发出的提前控制信号,凸轮轴正时机油控制阀处在如图 6-5 所示的位置,油压作用到正时提前侧叶片室,使凸轮轴向正时提前方向转动。

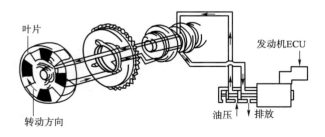

图 6-5 VVT-i 系统气门正时提前

电阻值为:_____。　□电阻正常　□不正常

(2) 检查凸轮轴正时机油控制阀动作(图 6-4)。

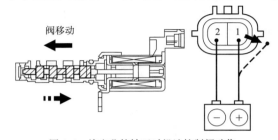

图 6-4 检查凸轮轴正时机油控制阀动作

凸轮轴正时机油控制阀是否移动迅速:

□是　□否

□控制阀正常　□控制阀不正常

(3) 检查线束和连接器(图 6-6)。

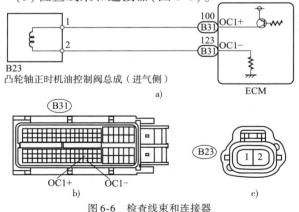

图 6-6 检查线束和连接器

(2) 滞后：

根据 ECU 电脑发出的滞后控制信号，总油压作用到正时滞后侧叶片室，使凸轮轴向正时滞后方向转动，如图 6-7 所示。

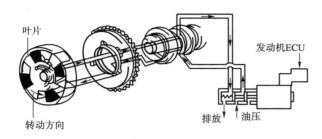

图 6-7　VVT-i 系统气门正时滞后

(3) 保持：

发动机 ECU 根据工况计算出预定的正时角，预定的正时被设置后，使凸轮轴正时机油控制阀处在空格位置，保持气门正时直到移动状况改变，从而改变气门正时，如图 6-8 所示。

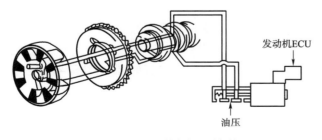

图 6-8　VVT-i 系统气门正时保持

线路电阻值为：＿＿＿＿＿＿＿＿＿＿。
　　　　　　□电阻正常　　□不正常
线间电阻值为：＿＿＿＿＿＿＿＿＿＿。
　　　　　　□电阻正常　　□不正常

(4) 检查机油控制阀滤清器（图 6-9）。

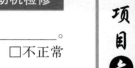

图 6-9　检查机油控制阀滤清器

检查并确认滤清器是否阻塞：
　　　　　　□是　　□否

11. 检查排气侧凸轮轴机油控制阀总成

(1) 检查排气凸轮轴正时机油控制阀电阻。
电阻值为：＿＿＿＿＿＿＿＿＿＿。
　　　　　　□电阻正常　　□不正常

(2) 检查凸轮轴正时机油控制阀动作。
凸轮轴正时机油控制阀是否移动迅速：
　　　　　　□是　　□否
　　　　　　□电阻正常　　□不正常

项目六 进排气控制系统检修

2 螺旋槽式 VVT

螺旋槽式 VVT-i 控制器（图 6-10）包括正时皮带驱动的齿轮、与进气凸轮轴刚性连接的内齿轮以及一个位于内齿轮与外齿轮之间的可移动活塞,活塞表面有螺旋形花键。活塞沿轴向移动,会改变内、外齿轮的相位,从而产生气门配气相位的连续改变。当机油压力施加在活塞的左侧,迫使活塞右移,由于活塞上的螺旋形花键的作用,进气凸轮轴会相对于凸轮轴正时皮带轮提前某个角度。当机油压力施加在活塞的右侧,迫使活塞左移,就会使进气凸轮轴推迟某个角度。当得到理想的配气相位,凸轮轴正时机油控制阀就会关闭油道使活塞两侧压力平衡,活塞停止移动。

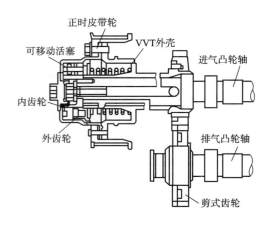

图 6-10　螺旋槽式 VVT-i 控制器

（3）检查线束和连接器（图 6-11）。

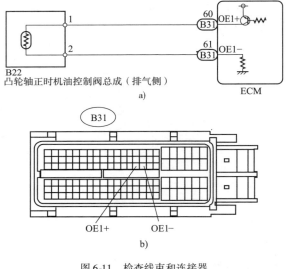

图 6-11　检查线束和连接器

线路电阻值为：_____。

□电阻正常　□不正常

线间电阻值为：_____。

□电阻正常　□不正常

（4）检查机油控制阀滤清器是否堵塞。

□是　□否

12. 确认故障为：_____
_____。

任务 6.2　检修本田 VTEC 系统

VTEC 是世界上第一个能同时控制配气正时及气门升程两种不同情况的气门控制技术。通过计算机控制的气门正时和气门升程系统可以大大提高发动机的燃烧效率和性能。本田公司在其几乎所有的车型中都使用了 VTEC 技术。

一、VTEC 机构的组成

在本田雅阁轿车发动机上每个汽缸装备有 2 进 2 排 4 个气门,其中进气门有主进气门和次进气门,主摇臂驱动主进气门,次摇臂驱动次进气门,中间摇臂在主、次摇臂之间,不与任何气门直接接触。相应凸轮轴上的凸轮也有主凸轮、中间凸轮和次凸轮(图 6-12)。

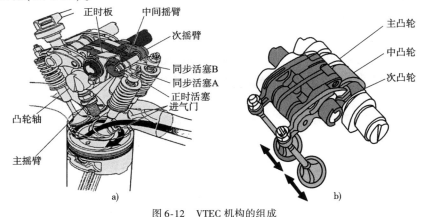

图 6-12　VTEC 机构的组成

实训 6.2　检修本田 VTEC 系统

一、认识本田 VTEC 系统

1. 实训准备:本田雅阁汽车、万用表、示波器、常用工具。

2. 你所用的实训设备:

车型:_____;

发动机型号:_____;

车辆识别码:_____。

3. 故障现象:

一辆广州本田雅阁 2.3L 轿车,"CHECK ENGINE"灯异常亮起。该车发动机型号为 F23A3,SOHC 电控多点燃油喷射系统。利用诊断仪读取故障码,显示故障码为"21",其含义为"VTEC 电磁阀电路有故障"。

4. 检修过程:

(1) 检测 VTEC 控制系统。

利用诊断仪读取故障码,显示故障码为:_____。故障原因为:_____。

(2) 检测 VTEC 电磁阀。

检查 VTEC 电磁阀和 ECM/PCM 处的导线是否连

项目六　进排气控制系统检修

VTEC 配气机构与普通配气机构相比较,主要区别是:凸轮轴上的凸轮较多,且升程不等,进气摇臂总成的结构复杂。

● VTEC 机构的工作原理

功能:根据发动机转速、负荷等变化控制 VTEC 机构工作,改变驱动同一汽缸两进气门工作的凸轮,以调整进气门的配气相位及升程,并实现单进气门工作和双进气门工作的切换。

工作原理(图 6-13):发动机低速运转时,电磁阀不通电使油道关闭,此时,三个摇臂彼此分离,主凸轮通过主摇臂驱动主进气门,中间凸轮驱动中间摇臂空摆;次凸轮的升程非常小,通过次摇臂驱动次进气门微量开闭。配气机构处于单进、双排气门工作状态。

当发动机高速运转,且发动机转速 2300r/min 以上、负荷、冷却液温度及车速达到设定值时,电脑向 VTEC 电磁阀供电,使电磁阀开启,来自润滑油道的机油压力作用在正时活塞一侧,由正时活塞推动两同步活塞和阻挡活塞移动,两同步活塞分别将主摇臂和次摇臂与中间摇臂接成一体,成为一个组合摇臂。此时,中间凸轮升程最大,组合摇臂受中间凸轮驱动,两个进气门同步工作,气门的升程、提前开启和迟后关闭角度均比发动机低速时增大。

当发动机转速下降到设定值,电脑切断 VTEC 电磁阀电流,正时活塞一侧油压下降,各摇臂油缸孔内的活塞在复位弹簧作用下,三个摇臂又彼此分离而独立工作。

接不良或松动。　　　　　　□松动　□正常

关闭点火开关。断开 VTEC 电磁阀插头。检查 VTEC 电磁阀插头 1 号端子与车体地线之间的电阻。所测电阻值为:_____。是否正常?

　　　　　　　　　　　　□正常　□不正常

(3)检查 VTEC 电磁阀插头 1 号端子与 ECM/PCM 插头 B12 号端子之间的电阻(图 6-14)。所测电阻值为:_____。是否正常?　　□正常　□不正常

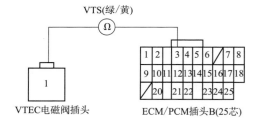

图 6-14　检查电阻

(4)检查 VTEC 电磁阀插头 1 号端子与车体地线之间的电阻。所测电阻值为:_____。是否正常?

　　　　　　　　　　　　□正常　□不正常

(5)如图 6-15 所示,检测 VTEC 电磁阀。
①连接 VTEC 电磁阀插头。
②卸下 10mm 螺栓,如图 6-15 所示装上压力表。
③启动发动机。
④将发动机预热至正常工作温度冷却风扇转动。

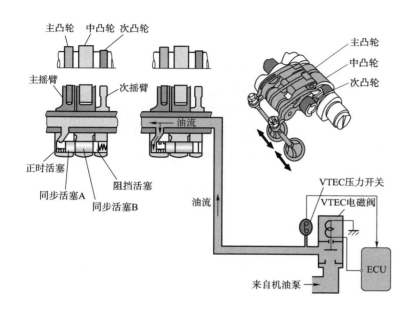

图 6-13　VTEC 机构的工作原理及电路

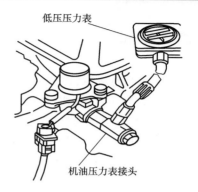

图 6-15　检测 VTEC 电磁阀

⑤检查发动机转速为 1000r/min、2000r/min、4000r/min 时的机油压力。说明：尽量缩短测量时间，发动机无负荷条运转不要超过 1min。

所测机油压力分别为：

1000r/min 时：_____；

2000r/min 时：_____；

4000r/min 时：_____。

所测机油压力是否正常？　　□正常　□不正常

同时用诊断仪检查机油压力变化时，点火提前角是否有变化？

变化前：_____；变化后：_____。

（6）VTEC 电磁阀控制试验。

关闭点火开关。

三、VTEC 系统电路

发动机控制 ECU 根据发动机转速、负荷、冷却液温度和车速信号控制 VTEC 电磁阀。电磁阀通电后，通过压力开关给电脑提供一个反馈信号，以便监控系统工作。

项目六　进排气控制系统检修

四　VTEC 系统的检修

拆下 VTEC 电磁阀总成后,检查电磁阀滤清器,若滤清器有堵塞现象,应更换滤清器和发动机润滑油。电磁阀密封垫,一经拆下,必须更换新件。拆开 VTEC 电磁阀,用手指检查阀的运动是否自如,若有发卡现象,应更换电磁阀。

发动机不工作时,拆下气门室罩盖,转动曲轴分别使各缸处于压缩上止点位置,用手按压中间摇臂,应能与主摇臂和次摇臂分离单独运动。

在使用中,本田车系若有故障 21,说明 VTEC 电磁阀或电路有故障,按以下步骤进行检查：

(1)清除故障码,再重新调取故障码。
(2)关闭点火开关,拆开 VTEC 电磁阀线束连接器,测量电磁阀线圈电阻应为 14～30Ω。
(3)检查 VTEC 电磁阀与电脑之间的接线是否断路。
(4)启动发动机,达到正常工作温度后,检查发动机转速分别为 1000r/min、2000r/min 和 4000r/min 时的机油压力。
(5)用换件法检查电脑是否有故障。

断开 VTEC 电磁阀插头。
将蓄电池正极端子与绿/黄端子相连接。
启动发动机,并检查发动机转速为 3000 r/min 时的机油压力。
所测机油压力为：_____。
所测机油压力是否正常？　　□正常　□不正常
通过以上检测,确认 VTEC 控制系统故障为：____。

二、VTEC 系统机械控制机构的检查

1. VTEC 摇臂的检查。
(1)把一缸摇到压缩上止点位置。
(2)折下气门室罩。
(3)用手摇动一缸的进气中间摇臂,中间摇臂能否自由活动？　　□能　□不能
(4)把其余气缸依次摇到压缩上止点位置,检查各缸在上止点时的进气中间摇臂能否自由活动？
　　　　　　　　　　　　　　□能　□不能

2. VTEC 机构工作情况检查。
(1)检查气门间隙是否正常。　□正常　□不正常
(2)待检的 VTEC 机构相对应的气缸处于压缩上止点位置。　　　　　　　　　　　□工作完成
(3)准备 400kPa 以上压力的压缩空气。
(4)从检查孔上旋下密封螺栓,从检查孔注入压缩空气。　　　　　　　　　　　　□工作完成

(5)将中间摇臂上下稍稍活动,检查同步活塞是否弹出,中间、主、次摇臂是否连接成一体。
□同步活塞弹出　　□同步活塞不弹出
□摇臂连接　　　　□摇臂不连接

任务6.3　检修进气增压系统

为了进一步提高发动机的功率,部分汽车采用了进气增压系统,主要有废气涡轮增压与机械增压两种。

废气涡轮增压系统

废气涡轮增压技术的基本原理是:利用发动机排出的废气推动涡轮高速运转,再由涡轮带动泵轮,然后由泵轮增大进气压力,从而增加发动机的进气量,如图6-16。

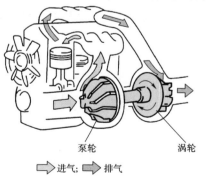

图6-16　废气涡轮增压

实训6.3　**检修帕萨特1.8T轿车进气增压系统**

1. 实训准备:帕萨特1.8T轿车、万用表、解码仪、常用工具。
2. 你所用的实训设备:
车型:＿＿＿＿＿＿＿＿＿＿＿＿＿＿＿＿；
发动机型号:＿＿＿＿＿＿＿＿＿＿＿＿＿；
车辆识别码:＿＿＿＿＿＿＿＿＿＿＿＿＿。
3. 故障现象:

一辆帕萨特1.8T轿车最近发现汽车加速无力,同时排气管冒蓝烟严重,烧机油。

故障分析:发动机冒蓝烟,烧机油,说明发动机运行状况恶化,机油进入气缸燃烧。

机油压入汽缸一般有两个途径。

(1)机油从活塞环进入,主要原因:
①活塞环磨损严重;

所示。但是，进气压力提高后，发动机比较容易过热，且爆震的倾向也加大了。为了避免过热和爆震，ECU必须对增压压力进行控制。

图6-17为奥迪汽车发动机所用的废气涡轮增压系统原理图。排气管中的废气推动动力涡轮高速旋转，动力涡轮则带动进气管中的增压涡轮高速旋转，进气管中的压力则在增压涡轮的作用下被提高，正常增压压力为0.1MPa。

②汽缸磨损严重；
③活塞偏缸；
④机油加注过多。
（2）机油从气门进入，主要原因：
①气门油封损坏；
②曲轴箱通风系统损坏；
③增压器损坏；
④其他油液如动力转向油通过真空管进入发动机。

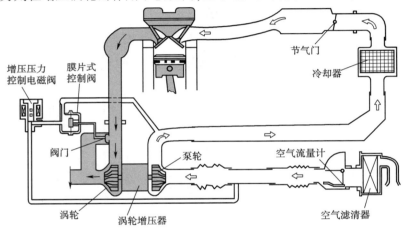

图6-17 奥迪汽车废气涡轮增压系统

当发动机出现过热和爆震倾向时，ECU向增压压力控制电磁阀发出指令，通过该电磁阀提高控制阀膜片室中的压力，从而通过推杆使旁通阀门开度增大，部分废气通过旁通通道排出，减少了通过涡轮的废气量，从而使增压器转速下降，增压压力减小。

反之，当ECU判定需要提高增压压力时，则减小旁通阀门开度，从而增大通过涡轮的废气量，使增压器转速上升。

4. 检查增压涡轮：
（1）检查空气滤清器及管道，有无阻塞现象？
　　　　　□正常　□不正常
（2）检查增压涡轮出口管路是否漏气？
　　　　　□正常　□不正常
（3）检查发动机排气管连接处是否漏气？
　　　　　□正常　□不正常
（4）仔细听废气涡轮增压器有否异响？
　　　　　□正常　□不正常
（5）检查增压涡轮出口管路是否有机油？
　　　　　□正常　□不正常
（6）拆下增压涡轮进气管，用手轻轻摇动涡轮叶片，感觉涡轮轴承间隙，同时转动涡轮叶片是否顺滑？
　　　　　□正常　□不正常

机械增压系统

汽车的增压系统有两大主流,机械增压(Super Charge)和涡轮增压(Turbo Charge)。

机械增压器(图6-18)采用皮带与引擎曲轴皮带盘连接,利用引擎转速来带动机械增压器内部叶片,以产生增压空气送入发动机进气歧管内,整体结构相当简单,工作温度界于70~100℃,不同于涡轮增压器靠引擎排放的废气驱动,必须接触400~900℃的高温废气,因此机械增压系统对于冷却系统、润滑油脂的要求与自然进气引擎相同,机件保养程序大同小异。

图6-18 机械式增压器

机械增压器本质上是一台罗茨鼓风机,有两个转子,每个转子都扭转一定的角度,例如60°以形成一个螺旋。这两个转子都由发动机曲轴通过皮带驱动,与废气系统不相干(图6-19)。机械增压器跟曲轴之间存在固定的传动比。这两个相向

(7)将百分表从机油排出孔插入轴承隔圈的孔,使其接触涡轮机轴的中心,上下移动涡轮机轴,测量轴的径向间隙,径向间隙极取限为0.15mm。 □正常 □不正常

(8)检查曲轴箱强制通风系统的PCV阀工作是否正常,通常拆下PCV阀管路,发动试验,观察发动机冒蓝烟情况是否改善? □蓝烟减少 □不变

5.增压控制电磁阀的检测。

(1)增压控制电磁阀的基本检测。

①接故障诊断仪 VAGl551,选择读取测量数据块(功能08)。 □任务完成

②从增压控制电磁阀(N75)上拆下软管。接上辅助软管。执行元件诊断,并触发增压控制电磁阀(N75)。观察电磁阀有没有响动?
□电磁阀有响动 □没反应

③通过向辅助软管吹气检查电磁阀是否打开?
□电磁阀打开 □电磁阀关闭

(2)增压控制电磁阀(N75)的电气检测。

用万用表测量电磁阀(N75)电阻值,应为25~35Ω。实测值为:_____。 □正常 □不正常

(3)增压压力控制电磁阀(N75)的供电检测。

起动机短时工作(允许发动机短时启动),用万用表(电压测量挡)测量端子1、2处的电压应该是蓄电池电压。
□正常 □不正常

旋转的转子各有若干个突齿，在工作时互相啮合。扭曲的转子跟特殊设计的进口和出口几何形状相结合，有助减少压力波动，使空气流动平稳，工作时噪声较小。

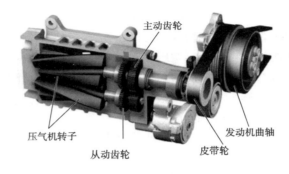

图 6-19　机械增压器结构

(4) 检查增压控制电磁阀(N75)的触发情况。

① 拔下电磁阀(N75)的供电插头，并把二极管检测灯串接在线束侧端子 1 和 2 之间。　□任务完成

② 接故障诊断仪 VAG1551，选择读取测量数据块（功能 08）。　□任务完成

③ 启动执行元件诊断，并触发增压控制电磁阀(N75)。观察二极管检测灯是否闪烁？
　　　　　　　　　　　□闪烁　□不闪烁

④ 如果二极管检测灯不闪亮或常亮，检测线束是否断路或短路？　□正常　□不正常

任务 6.4　检查三元催化器

一、三元催化转换器(TWC)功能

三元催化转换器利用转换器中的三元催化剂，将发动机排出废气中的有害气体转变为无害气体。TWC 系统如图 6-20 所示。

实训 6.4　检查三元催化转换器

1. 实训准备：卡罗拉轿车、万用表、解码仪、示波器常用工具。

2. 你所用的实训设备：
车型：_____；

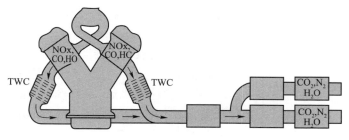

图 6-20 三元催化转换器

TWC 的构造

三元催化器是安装在车辆排气系统上的一种用于环保目的的尾气净化装置,它的外壳为金属结构,内部是蜂窝状陶瓷载体,大至每平方厘米有网孔 80 个左右,载体上涂有贵金属催化剂(如铂、铑、钯等)。内部构造如图 6-21 所示。

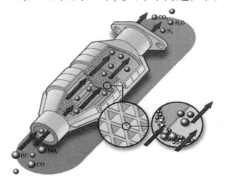

图 6-21 TWC 内部构造

发动机型号：_____；
车辆识别码：_____。

3. 故障现象

一辆卡罗拉轿车最近发现汽车加速无力,同时故障指示灯点亮。

4. 检查过程：

(1) 用诊断仪读取发动机故障码。

用诊断仪读取故障码,显示故障码为：_____。
故障原因为：_____
_____。

(2) 读取前后氧传感器的数据流,并用波形显示。

a) 前氧传感器波形

b) 后氧传感器波形

三、影响 TWC 转换效率的因素

影响 TWC 转换效率的最主要因素是混合气的浓度和排气温度。TWC 的转换效率与混合气浓度的关系如图 6-22 所示。

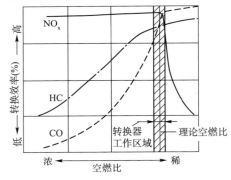

图 6-22 TWC 的转换效率与混合气浓度的关系

在理论空燃比 14.7 附近，TWC 对废气中的有害气体 CO、HC 和 NO_x 的转换效率均比较高。此时一般都装有氧传感器检测废气中氧的浓度，氧传感器信号输送给 ECU，用来对空燃比进行反馈控制。

此外，发动机的排气温度过高（815℃以上），TWC 转换效率将明显下降。

催化器会因过热而受损，如由于燃烧不良导致大量未完全燃烧气体进入催化器反应过热，催化器孔板烧结，活性物质减少。

催化器也会受燃油中的磷、铅或硫污染中毒，受机油、冷却液中的硅污染中毒而永久损坏。

(3) 分析前氧传感器信号是否正常。

□正常　□不正常

(4) 对比前后氧传感器波形，判断三元催化转换器效率是否正常。　□正常　□不正常

(5) 汽车发动暖机后，举升车辆，维持汽车发动机运行状态，用汽车万用表的温度检测功能检测三元催化转换器进出口的温度。

进口温度_____；出口温度_____。

(6) 正常的三元催化转换器出口温度应高于进口温度 15%～20%。检测结果是否正常？

□正常　□不正常

(7) 检查催化转换器在行驶中是否受到损伤。检查催化转换器是否有严重的褪色斑点或略有成青色和紫色的痕迹。如有，则说明过热。　□正常　□不正常

(8) 对比相近排量的两辆车在相同工况时的排气量。如不一致，则说明催化器堵塞。

□堵塞　□没堵塞

任务6.5 检修废气再循环系统（EGR）

废气再循环系统 EGR 功能

功能：将适当的废气重新引入汽缸参加燃烧，从而降低汽缸的最高温度，以减少 NOx 的排放量。

类型：开环控制 EGR 系统和闭环控制 EGR 系统。

开环控制 EGR 系统

EGR 系统：主要由 EGR 阀和 EGR 电磁阀等组成（图 6-23）。

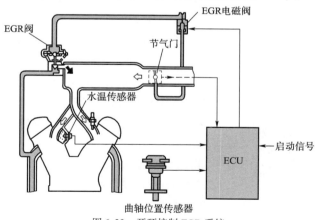

图 6-23 开环控制 EGR 系统

实训 6.5 检修废气再循环系统

1. 实训准备：本田发动机台架、万用表、解码仪、示波器常用工具。

2. 你所用的实训设备：

车型：_____；

发动机型号：_____；

车辆识别码：_____。

3. 故障现象：

一辆 2000 款本田雅阁轿车（装备 F22BI 型电控发动机），发动机冷机第一次启动后，加速时发动机能正常升速，但一松开加速踏板，发动机便出现抖动，并且约 10s 后自动熄火，若此时再次启动发动机，则启动较困难。

（1）用诊断仪读取发动机故障码。

用诊断仪读取故障码，显示故障码为：_____。

故障原因为：_____
_____。

（2）读取 EGR 系统数据流。

显示 EGR 阀升程为：_____。

项目六 进排气控制系统检修

原理:如图 6-23 所示,EGR 阀安装在废气再循环通道中,用以控制废气再循环量。EGR 电磁阀安装在通向 EGR 真空通道中,ECU 根据发动机冷却液温度、节气门开度、转速和启动等信号来控制电磁阀的通电或断电。ECU 不给 EGR 电磁阀通电时,控制 EGR 阀的真空通道接通,EGR 阀开启,进行废气再循环;ECU 给 EGR 电磁阀通电时,控制 EGR 阀的真空度通道被切断,EGR 阀关闭,停止废气在循环。

EGR 率 = [EGR 量/(进气量 + EGR 量)] × 100%

过度的废气再循环会影响发动机的正常运行,特别是在怠速、低速和小负荷及发动机冷车运行时,再循环的废气会使发动机的性能明显降低。因此,废气再循环量一般控制在 6% ~ 15% 范围内。

三 闭环控制 EGR 系统

闭环控制 EGR 系统,由电控单元、三通电磁阀、废气再循环阀、废气调整阀及废气干道和真空管道组成。检测实际的 EGR 率或 EGR 阀开度作为反馈控制信号,其控制精度更高。

与开环控制 EGR 系统相比,闭环控制 EGR 系统只是在 EGR 阀上增设一个 EGR 阀开度传感器。

控制原理:如图 6-24 所示,EGR 率传感器安装在进气总管中的稳压箱上,新鲜空气经节气门进入稳压箱,参与再循环的废气经 EGR 电磁阀进入稳压箱,传感器检测稳压箱内气体中的氧浓度,并转换成电信号输送给 ECU,ECU 根据此反馈信号修正 EGR 电磁阀的开度,使 EGR 率保持在最佳值。

4.检查过程:
(1)废气再循环控制系统的就车检查。
①启动发动机,使发动机怠速运转。
②将手指按在废气再循环阀上,检查废气再循环阀有无动作。　　　　　□有动作　□无动作
③在发动机热车(水温高于 50℃)后再踩下加速踏板,使发动机转速上升至 2000r/min 左右,此时用手指感觉废气再循环阀膜片的动作。
　　　　　　　　　　　　□有动作　□无动作
(2)检查废气再循环系统是否堵塞。
①检查并用汽油清洗进气歧管的废气再循环孔。
　　　　　　　　　　　　　　　□工作完成
②检查真空软管有无破损,接头处是否松动、漏气等。　　　　　　　　　□漏气　□正常
③检查并用化油器清洗剂清洗废气再循环阀内通道。　　　　　　　　　　　□工作完成
(3)废气再循环系统电路和各元件的检测。
①检查废气再循环控制电磁阀。
点火开关接通,用万用表直流电压挡测量控制电磁阀黑色/黄色导线接头 1 号端子与车身搭铁之间的电压,其正常值应为 12V。　□正常　□不正常
②检查电磁线圈的电阻。
电阻阻值为:_____。
　　　　　　　　　　　　□正常　□不正常

数控式 EGR 阀安装在排气歧管上,其作用是独立地对再循环到发动机的废气量进行准确的控制,而不管歧管真空度的大小。

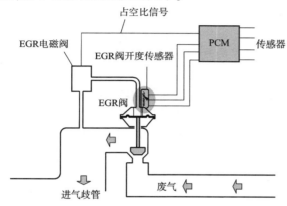

图 6-24　闭环控制 EGR 系统

数控式 EGR 阀通过 3 个孔径递增的计量孔控制从排气歧管流回进气歧管的废气量,以产生 7 种不同流量的组合。每个计量孔都由 1 个电磁阀和针阀组成,当电磁阀通电时,电枢便被磁铁吸向上方,使计量孔开启。旋转式针阀的特性保证了当 EGR 阀关闭时,具有良好密封性。

四 EGR 控制系统的检修

(1) 一般检查:在冷机启动后,立即拆下 EGR 阀上的真空软管,发动机转速应无变化,用手触试真空软管应无真空吸力;发动机温度达到正常工作温度后,怠速时检查结果应与冷机时相同;若转速提高到 2500 r/min 左右,同样拆下此 EGR 阀

③检查真空管道。

将真空枪/表接到废气再循环阀上的软管上,启动发动机并使其怠速运转,将蓄电池的正负极分别接到废气再循环控制电磁阀侧接头 1 号端子和 2 号端子上,同时观察真空表,在 1s 内真空压力应达到 26.7kPa。　　　　　　　□正常　□不正常

④检测废气再循环阀提升传感器。

检测传感器工作电压为:_____。

□正常　□不正常

检测传感器电阻阻值应为 50～100Ω,实测为:___。

□正常　□不正常

拆下废气再循环阀上的真空软管,用手动真空泵对废气再循环阀真空室施加真空的同时,用万用表电阻挡测量传感器的可变电阻(图 6-25),其电阻值的变化应随着真空度的增大而连续变化。

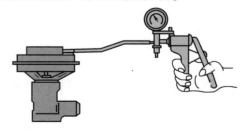

图 6-25　测量传感器的可变电阻

□正常　□不正常

项目六 进排气控制系统检修

上的真空软管,发动机转速应明显升高。

(2) EGR 电磁阀的检查(图 6-26):在冷态测量电磁阀电阻应为 33~39Ω。电磁阀不通电时,从进气管侧吹入空气应畅通,从滤网处吹入空气应不通。当给电磁阀接通蓄电池电源电压时,应相反。

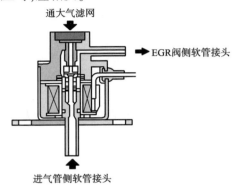

图 6-26　EGR 电磁阀的检查

(4) 发动机怠速运转,拔下连接电磁阀与废气再循环阀的真空软管,查管接口内是否有真空吸力。
　　□有吸力　　□无吸力

(5) 发动机加速到 2500r/min,拔下连接电磁阀与废气再循环阀的真空软管,查管接口内是否有真空吸力。
　　□有吸力　　□无吸力

5. 废气再循环阀的工作情况检查:

发动机怠速运转,用手动真空泵对废气再循环阀真空室施加 19.95kPa 的真空度,观察发动机运行情况。
　　□怠速不稳　　□无变化

任务 6.6　检修汽油蒸气回收装置(EVAP)

一　汽油蒸气回收装置 EVAP(图 6-27)的功能

收集燃油箱内蒸发的汽油蒸气,并将汽油蒸气导入汽缸参加燃烧,从而防止汽油蒸气直接排出大气而造成污染。同时,根据发动机工况,控制导入汽缸参加燃烧的汽油蒸气量。

实训 6.6　汽油蒸气回收装置检查

1. 实训准备:大众发动机台架、万用表、解码仪、示波器常用工具。

2. 你所用的实训设备:
车型:＿＿＿＿＿＿＿＿＿＿＿＿＿＿＿;

EVAP 控制系统的组成与工作原理

燃油箱的燃油蒸气通过单向阀进入活性炭罐上部,空气从炭罐下部进入清洗活性炭。在炭罐右上方有一定量排放小孔及受真空控制的排放控制阀。排放控制阀内部的真空度由碳罐控制电磁阀控制。

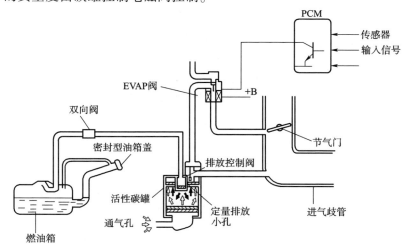

图 6-27　EVAP 控制系统

工作原理:发动机工作时,ECU 根据发动机转速、温度、空气流量等信号,控制炭罐电磁阀的开闭来控制排放控制阀上部的真空度,从而控制排放控制阀的开度。当排放控制阀打开时,燃油蒸气通过排放控制阀被吸入进气歧管。一般情况下,发动机中、高速时,炭罐电磁阀才打开。

发动机型号:_____;
车辆识别码:_____。
3.试验记录汽车故障现象:
一辆大众捷达汽车热车后怠速抖动厉害,冷车启动正常,热车启动困难。
(1)用诊断仪读取发动机故障码。
用诊断仪读取故障码,显示故障码为:_____。
故障原因为:_____
_____。
(2)读取 EVAP 系统数据流。
显示 EVAP 开度为:_____。
4.检查过程:
(1)EVAP 系统的就车检查。
①将发动机热车至正常工作温度,并使之怠速运转。
②拔下蒸气回收罐上的真空软管,检查软管内有无真空吸力。　　　　□有吸力　□无吸力
③踩下加速踏板,使发动机转速大于 2000r/min,同时检查上述软管内有无真空吸力。
　　　　□有吸力　□无吸力
(2)检查电磁阀。
①检查电磁阀电阻。
电磁阀两端子间电阻应为 36~44Ω。
实测是:_____。
　　　　□正常　□不正常

项目六 进排气控制系统检修

在部分电控 EVAP 控制系统中,活性炭罐上不设真空控制阀,而受 ECU 控制的电磁阀直接装在活性炭罐与进气管之间的吸气管中。图 6-28 所示为韩国现代轿车装用的电控 EVAP 控制系统,图 6-29 所示桑塔纳 2000 燃油蒸发控制系统。

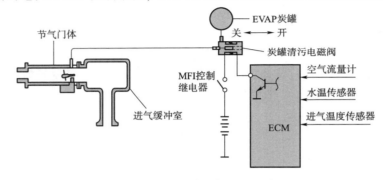

图 6-28 韩国现代轿车 EVAP 系统

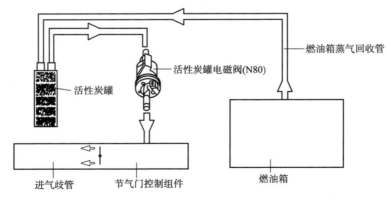

图 6-29 桑塔纳 2000 燃油蒸发控制(EVAP)系统

② 检查电磁阀控制信号。

将二极管试验灯接在电磁阀插头上,启动发动机,怠速运行,观察试灯是否闪烁。　□闪烁　□不闪烁

发动机转速到 2000r/min 以上,观察试灯是否点亮。　□点亮　□不亮

③ 电磁阀的功能检查。

连接故障诊断仪,输入 03 功能,进入执行机构诊断,用手感觉电磁阀是否有振动。

□有振动　□无振动

(3) 检查真空控制阀。

拆下真空控制阀,用手动真空泵由真空管接头给真空控制阀施加约 5kPa 真空度(图 6-30)。

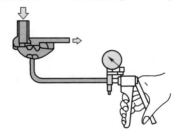

图 6-30 检查真空控制阀

从活性炭罐侧孔吹入空气应畅通,不施加真空度时,吹入空气则不通。　□正常　□不正常

参 考 文 献

［1］王囤.汽车电控发动机构造与维修［M］.北京：人民交通出版社，2010.
［2］夏令伟.汽车电控发动机构造与维修［M］.北京：人民交通出版社，2008.
［3］丰田汽车公司.COROLLA 修理手册，2010.
［4］丰田汽车公司.5A-FE，8A-FE 发动机修理手册，2002.